Faustino Oramas

El Guayabero

Rey del doble sentido

ZENOVIO HERNÁNDEZ PAVÓN

© Zenovio Hernández Pavón, 2020

© Sobre la presente edición: UnosOtrosEdiciones, 2020

Título: Faustino Oramas. El Guayabero: Rey del doble sentido
ISBN-13: 978-1-950424-24-5

©Zenovio Hernández Pavón
Edición: Armando Nuviola
Correcciones: Dulce Sotolongo

UNOSOTROS

UnosOtrosCulturalProject

www.unosotrosediciones.com
Un publicación de UnosOtrosEdiciones

El Guayabero, la sabia sencillez del juglar

L os trovadores fueron los primeros poetas, los primeros cronistas, los primeros periodistas. Bajo diversos nombres y acompañados de distintos instrumentos, a través de diferentes épocas, resumían una práctica común: expresar en sus cantos los sucesos de la vida pública o de la vida íntima de las personas. Así unos derivaron hacia la epopeya, que es el relato de los actos de importancia colectiva, y otros, hacia la lírica, que es el canto de los sentimientos. Los trovadores, cuyo nombre viene de una palabra que significa componer versos, posibilitaron que se conocieran hechos y circunstancias a través del espacio y el tiempo. Desarrollaron la música y también la poesía, que, con el decurso de la vida, se quedó solo con la melodía de las palabras, desechando el acompañamiento de instrumentos.

En Cuba, desde fines del siglo XIX, como parte de la floración de nuestra esencia nacional y resultado del mestizaje cultural, surgió la canción trovadoresca. La trova ayudó a forjar no solo una sonoridad, sino también el rostro más íntimo de nuestro ser. La patria, el paisaje de la isla, su mar y su cielo, la mujer cubana emergieron en sus textos, que están en lo más depurado de la poesía cubana en su devenir. Es una pena que ninguna antología poética cubana acoja en su cuerpo lírico letras de nuestros grandes trovadores, en una tradición que llega hasta nuestros días.

En nuestro espacio hemos contado con un trovador peculiar que ha servido como cronista de dos de las facetas más persistentes y características del cubano: el humor y lo erótico. Suerte de Quijote que incorpora en sí mismo a Sancho; con el tres como lanza y sus cuartetas melodiosas ha retratado más de un tipo popular y ha descrito muchas de nuestras estampas cotidianas. Faustino Oramas, El Guayabero, suma la picardía al decir de la trova. Picardía que no es sinónimo de bajeza o fraudulencia sino audacia e inteligencia para sacar el mejor provecho de situaciones adversas.

El cubano es hijo de pícaros. Fueron estos los que supieron enfrentar el drama de la España decadente de fines del siglo XVI para sobrevivir. Muchos se dispararon a estos territorios como posibilidad de vida. Picardía ha usado el cubano para salir de apuros en los peores momentos y para reírse de imperfecciones y dilemas. Está en nuestro ser. El Guayabero fue capaz de captarlo y recrearlo. Como hombre que surgiera de lo más raigal de la vida del pueblo, supo desde allí ver sus quehaceres y sueños, sus venturas y desventuras. Se empleó en disímiles oficios para ganarse el pan y más de una vez tuvo que apelar a su ingenio para salir de algún paso difícil. En esas andanzas no solo desarrolló la sagaz visión de la gente apegada a la verdad terrestre sino que aprendió sus maneras. Entre estas, a tocar la guitarra, a componer cuartetas que se habían preservado en la tradición oral y a decir indirectamente, sugiriendo que es como mejor se hace el arte.

Como individuo genuinamente sensible a su mundo, ha recogido sus temas, frases y tipos de la gente a su alrededor. Luego esa misma gente ha llevado y traído sus cantos como síntesis de nuestro modo de ser. El compositor ha sabido retratar múltiples facetas del cubano de a pie. En sus letras refleja muchas de nuestras costumbres, torpezas, faltas y por supuesto ridiculeces. Así están esos tipos que les gusta mentir (decir «guayabas») para hacerse importantes (En Guayabero), la errancia del cubano en busca de trabajo o diversión («Mañana me voy pa' Sibanicú»), la manera solapada en que algunos consiguen sus metas («Cuida'o con el perro»), las argucias que se emplean para ciertos propósitos («El palito de la alcancía»), los problemas que puede afrontar el que no usa bien su saber («Compositor confundido»), la mulata hermosa y gozadora que seduce a todos («Como baila Marieta»), las tretas de los viejos para seguir viviendo («Los abuelos se rebelan»), etcétera. Para ello emplea el habla del cubano, pero sin llegar a extremos, solo con algunas pinceladas que ayudan a tipificar a sus personajes. Todo esto lo hace con un agudo sentido del humor y la ironía. No dejaba de lanzar sus indirectas criticando algún que otro mal social, principalmente en los comentarios eventuales con los que, como un legítimo juglar, salpicaba sus interpretaciones. Sus canciones vienen a ser simpáticas crónicas que exponen el peculiar modo de ser del cubano, con sus bondades y yerros, exageradas por la caricatura pero siempre dentro de un marco afectuoso.

Algunos pacatos, en determinado momento, llegaron a considerar al cantautor como procaz, porque aludía a motivos donde lo sensual y lo erótico tenían eco. Sin embargo, como siempre aclaró, lo hacía mediante la sugerencia, nunca a partir de la frase explícita. Por eso decía que «el doble sentido lo pone usted», pues era el oyente el que debía sacar la conclusión de lo insinuado. Por supuesto que cada cual podía imaginar a su posibilidad. De manera que no había ofensa. Nunca le oí expresar algo desagradable. Era en tal sentido un artista en lo más estricto, ya que el arte se mide no por lo que dice sino por el modo en que lo hace. No hay temas prohibidos al arte pues es tan amplio como la vida.

Si bien muchos lo ven como un simple humorista, tangencialmente ha caricaturizado costumbres y situaciones peculiares de distintos momentos de los últimos sesenta años del siglo XX cubano. Incluso nos ha dado una mascota (el perro) y hasta un lema de batalla deportiva, lema pícaro (morder callao, que es actuar con astucia para lograr un propósito). Sus melodías son sencillas pero contagiosas. Se distinguen por un peculiar tumbao que lograba con el punteo del tres. Hay que decir que pocos autores de la música popular han tenido, como Faustino Oramas, la facilidad de recursos, la gracia y la imaginación para el manejo de situaciones peliagudas con lenguaje simple pero debidamente escogido de modo que provoque la chispa de humor sin grosería.

Es tremendamente ventajoso que el autor de esta investigación dedicara tiempo y esfuerzos a entregarnos una semblanza biográfica de este singular hombre en un libro donde podremos hallar esencialmente, en cuerpo y espíritu, los derroteros de un músico popular excepcional. Leyendo las páginas de esta biografía podremos resucitar muchos de los sones y guarachas de El Guayabero y recorrer de nuevo junto a él los caminos más intrincados pero ciertos de la cubanía esencial.

MANUEL GARCÍA VERDECIA

Holguín, 3 de abril de 2014

AGRADECIMIENTOS

A todos los que han contribuido a la realización de esta obra, en especial:

A los trabajadores del museo provincial La Periquera, de los departamentos de Fondos Raros y Valiosos de las bibliotecas Elvira Cape de Santiago de Cuba y Alex Urquiola de Holguín.

A los investigadores Sergio Ricardo y Roiny Velázquez, que me apoyaron en la larga y agotadora búsqueda en diversas fuentes de información, sin la cual no hubiera podido llevar a feliz término este estudio.

A los familiares y músicos de El Guayabero, sobre todo, a Irma Oramas, Richard Ronda, Santana Oramas y Los Guayaberos, herederos de ese legado musical que es orgullo de los holguineros y de todos los que defienden ese sello de identidad que es nuestra música con humor.

El autor

ÍNDICE

Origen y primeros años

Gran parte de la vida de Faustino Oramas Osorio, El Guayabero,[1] estuvo llena de vicisitudes y privaciones; en primer lugar, por su origen de negro humilde y después por poner su existencia al servicio de la música, sobre todo en aquella época de una Cuba dividida en clases, en la que proliferaban tantas personas empeñadas en vivir de este arte que ha prestigiado a la Isla en los cuatro puntos cardinales del planeta.

Su padre, José Oramas, fue un laborioso albañil, hijo de inmigrante canario y negra cubana, que enseñó su modesto oficio a sus hijos varones. La madre, Isolina Osorio, fue una afable mujer que desplegó un pródigo arsenal culinario para dar de comer a la prole de siete vástagos que, muy pronto, comenzó a multiplicar la familia con nietos y biznietos. Muchos de estos últimos aún habitan en las cercanías de la curva donde la calle Fomento termina y se unen los actuales repartos holguineros de Pueblo Nuevo, Peralta y Sanfield.

El popular tresero, cantante y compositor nació —según declaró en incontables entrevistas— en una casa muy modesta, ubicada en la calle Cuba esquina a Pepe Torres, el día 4 de junio de 1911. Al parecer nadie sabe cuándo y por qué la abandonaron para establecerse en otra de embarrado, guano y piso de tierra en la naciente barriada de Pueblo Nuevo, cuya dirección, al decir de él mismo en uno de sus sones, era «Calle Tejar frente al campo de pelota».

Tal vez la explicación del traslado de la familia fuera que, en 1913, el Ayuntamiento local declaró zona de tolerancia varias de las calles aledañas, y el matrimonio para esa fecha contaba con seis de sus críos: José (Papito), Joaquín, Juan, Nacianceno, Elda y Faustino. En 1916 nacería el último de la prole, lo llamaron también José,

13

[1.] Aunque en la mayoría de las publicaciones periódicas y otras fuentes consultadas se escribe su primer apellido con (s) final, realmente era Orama, así consta en el Registro Civil, carné de identidad y otros documentos. En cuanto al año de su nacimiento, a pesar de que aparece consignado 1911, fuentes orales y los estudios médicos realizados tras su fallecimiento le calculaban más edad. El periódico *¡ahora!* del 6 de junio de 1977, página dos, reseña un homenaje que dos días antes se le tributó por sus setenta años.

pero todos le decían Pepín. Este último fue diestro contrabajista, compañero fiel de su emprendedor y pícaro hermano, lo mismo en empeños musicales que en la pródiga vida bohemia y sentimental de El Guayabero.

Afirma su sobrina Irma Oramas —destacada intérprete y creadora de la guaracha— que, pese a la tenacidad y los desvelos del progenitor, el futuro músico antes de vestir pantalones largos, precisamente en El Chémbalo, una de las más connotadas casas de citas o burdeles con pinta de academia de baile que proliferaron en esa parte de Holguín, comenzó a tocar las maracas y a cantar en sextetos fundados por su primo Pepe Osorio, su hermano Nacianceno y otros soneros de la ciudad.

Durante los primeros años del siglo XX, Holguín mostraba un escaso desarrollo económico y sociocultural. Las secuelas de las guerras mambisas aún eran visibles; por otro lado, los gobernantes de la primera cuarta parte de la centuria, de Estrada Palma a Gerardo Machado, se destacaron por la corrupción y el robo. Desde el himno del Partido Liberal, «La Chambelona», a las guarachas del teatro vernáculo que tanto disfrutaban las capas humildes, reflejaban esos males.

A pesar de los escasos fondos del Ayuntamiento local y la indiferencia de los gobernantes en el empeño de promover la cultura, las sociedades de recreo e instrucción y otras instituciones fueron recobrando su antiguo esplendor. En 1908 en el céntrico café Colón se instaló, con el mismo nombre, el primer cinematógrafo, para entonces ya Manuel Avilés y José María Ochoa habían reorganizado sus famosas orquestas, las cuales muchas veces ofrecían gratuitamente retretas en los parques de la ciudad, especialmente en el Calixto García.

El año en que viene al mundo el futuro músico, la sociedad Liceo se traslada a uno de los céntricos edificios situados frente a ese parque; esta había sido fundada al concluir la última guerra mambisa por la más rancia burguesía holguinera. A media cuadra de allí, los hijos de la otrora Madre Patria, habían instalado la Colonia Española. Ambas instituciones emprenden no pocas iniciativas que impulsan la cultura y la música.

En el Liceo, por ejemplo, el ilustre capitán mambí Armando Zayas fundó en 1913 la Sociedad Artística de Holguín, en la que se iniciaron figuras como las sopranos Edelmira de Zayas, Estelita Pérez Fuentes y Esther Mallo, así como el notable pianista Borges Avilés. La Colonia Española y sus más prominentes figuras, por otra parte, pusieron al servicio del pueblo el Salón Holguín, primer teatro de importancia en la urbe y que durante diez años acogió compañías de zarzuelas procedentes de la península, además de otras seguidoras del bufo y la zarzuela nacionales que hacían las delicias de los amantes del teatro. Un sobresaliente miembro de esa sociedad y presidente de la misma, Facundo Dovale, estimuló mucho el auge del son al patrocinar, años después, la fundación del sexteto La Tropical, en el que el joven Faustino Oramas se destacaría cantando y tocando maracas.

Los padres del futuro músico acogían en su seno a familiares y vecinos menesterosos con los que compartían la poca comida y las fiestas que, poco a poco, se fueron convirtiendo en un sello de la familia Oramas Osorio. Frente a la casa existía un amplio potrero que sus hermanos mayores y vecinos transformaron en un campo de béisbol, deporte que, junto con el dominó, se convirtió en uno de sus entretenimientos favoritos desde muy temprana edad.

Durante sus primeros años estuvo siempre muy apegado al seno familiar, con pocas salidas al centro de la ciudad que, con el auge económico durante el período llamado de las «vacas gordas», comenzó a experimentar cierto desarrollo económico y cultural. En 1916 se inauguran las estatuas de los tres parques principales, abrieron sus puertas varios cines-teatros en los que se proyectaban películas silentes, y el público reía a carcajadas con las compañías de Raúl del Monte, Rafael Arango, Ramón Espigul, Regino López y Arquímides Pous.

Aunque las familias de abolengo y la mayoría de los profesionales se empeñaban en mostrar preferencia por la cultura cosmopolita: la europea y la norteamericana, que se abría paso con sus *One Step, Charleston* y *Fox Trot*, la mayoría de los holguineros disfrutaba más con el negrito Espigul, Ofelia Rivas, Cruz Gil o Alicia Rico cantando la sabrosura criolla, las guarachas críticas y divertidas. Sin olvidar las cupletistas picantes que en varias ocasiones fueron calificadas de inmorales y hasta sometidas a multas.

En el Holguín de entonces, la música se expandía por doquier, y es de imaginar que el adolescente de elevada estatura para su edad, flaco como una vara de tumbar gatos, conversador y extrovertido tuviera entre sus aventuras el disfrute de este arte, pues en más de una entrevista confesó que a los cinco años ya le había expresado a su progenitora el deseo de ser músico. Esa vocación la consolidó en la escuela de Teresita Urbino, así como en el propio seno familiar: varios de sus hermanos y primos, además de laborar como albañiles y en otros modestos oficios, al iniciarse el auge del son, integraron grupos dedicados a este género.

La escuela pública sita en calle Ángel Guerra esquina a Maceo era dirigida por la eminente pedagoga Teresita Urbino, miembro de una destacada familia de músicos, artistas y patriotas de la que han sobresalido, entre otras figuras, José Isidoro Urbino, capitán del Ejército Libertador y fundador de la Banda de Música que acompañó a nuestros mambises en la invasión a Occidente; el locutor comunista Ibrahím Urbino, el pianista René Urbino y el compositor y guitarrista Juanito Márquez Urbino, luego uno de los arreglistas más importantes que ha tenido la obra de Faustino.

16

Teresita se distinguió por inculcar a sus discípulos elevados principios éticos y patrióticos, además de acercarlos al arte y la cultura. Estos valores penetraron en el inteligente y avispado muchacho, quien aprendió a leer rápidamente con soltura, dominó la Aritmética, la Historia de Cuba y otras materias. Al concluir el quinto grado, dadas las limitaciones de la familia, el padre y sus hermanos lo incorporaron a sus quehaceres constructivos. Mas la experiencia no fue prolongada, pues un accidente en un techo de tejas muy deteriorado le produjo serias lastimaduras en ambas piernas, las que perduraron para toda la vida. Estas le impidieron el ejercicio de la albañilería y la práctica deportiva, por lo que antes de cumplir los quince años, comienza a desarrollar su vocación musical en los primeros grupos soneros de la ciudad.

En 1925, año en que Gerardo Machado toma posesión de su primer mandato como presidente de la República, el danzón ya no disfruta del esplendor de antaño. En muchos de los salones de baile en Cuba impera el son, además del *Fox Trot* y otros ritmos cubanos y extranjeros. El son oriundo de la región oriental ya se había expandido por toda la Isla y había enriquecido el danzón, sobre todo, con el establecimiento en la capital de soneros e incluso de danzoneros como Enrique Peña, quien fue corneta mambí bajo las órdenes de Calixto García y luego fundó una de las más importantes orquestas de su época. En 1910 al visitar con ella su ciudad natal, Puerto Padre, uno de sus brillantes instrumentistas y compositores, José Urfé, escribe «El bombín de Barreto».

Con este danzón el gran clarinetista habanero inició transformaciones que revitalizaron el baile nacional, por un lado, asimiló el elemento rítmico del son oriental e inició la transformación de la tradicional coreografía, haciéndola más abierta y moderna. En 1925 Urfé continuaba creando piezas de extraordinaria acogida como «Fefita», algo similar ocurrió con otros danzones de Antonio María Romeu, Eliseo Grenet, Tomás Corman y Aniceto Díaz. Este último, años después, une el son y el danzón en una modalidad llamada danzonete, pero para entonces ya el son había tomado, definitivamente, la supremacía entre los bailadores cubanos.

Por su origen rural y la preferencia entre el campesinado, el negro y las clases sociales marginales, en Holguín también el son fue rechazado inicialmente por la burguesía. Su primera entrada triunfal llegó de la mano del órgano de baile que, en esos años veinte, había transformado su soporte sonoro de cilindro a cartón, y a través de él, Ernestino Coayo y otros expertos introdujeron el son en los más importantes salones burgueses y en las sociedades de recreo más encumbradas, como el Liceo y la Colonia Española, las cuales con el sexteto La Tropical terminaron por abrirle la puerta a este otro importante formato y al contagioso son.

A comienzos del segundo lustro de la década de 1920, el joven músico se había iniciado en el oficio de la tipografía en la imprenta del periódico *Adelante*, fundado por el periodista Carlos Zayas. En su recorrido hasta el centro de la urbe, observaba con satisfacción las transformaciones arquitectónicas, urbanísticas y culturales que experimentaba Holguín, que había resultado electa la ciudad más simpática de Cuba en un concurso nacional organizado por el periódico habanero *La Lucha* en 1922. Ese mismo año la compañía mexicana de Esperanza Iris, intérprete excepcional de la opereta «La viuda alegre», de Frank Lehar, había inaugurado el bello teatro Oriente, en el mismo lugar donde luego se construyó el Infante (hoy Comandante Eddy Suñol).

El céntrico parque Calixto García comenzaba a perder su aspecto colonial y en sus alrededores se habían construido también otras edificaciones. Dos de las más importantes para la vida cultural de la ciudad fueron inauguradas en 1926: el cine-teatro Martí y el palacete de la Colonia Española, sitios en los cuales tiempo después mostraría sus dotes musicales Faustino, al integrar La Tropical y otros grupos soneros.

En esos años la música saturaba cada rincón, abundaban las academias de piano y las bandas de metales que ofrecían frecuentes veladas y retretas. Entre las nuevas bandas, la de los Boys Scout reunía aprendices como Manuel *Puntillita* Licea y Mario Patterson, excelentes cultores del son y la guaracha. También existían numerosas agrupaciones bailables, con la Hermanos Avilés a la vanguardia, que se desdoblaba en varios formatos, según las exigencias del lugar y la actividad para la que fuera contratada. No obstante, la radiomanía comenzaba a monopolizar el ambiente, y a donde usted llegara ahí estaba, omnipresente y omnisciente, un aparato de recepción.

En la imprenta del periódico *Adelante* y en la de José Santos Betancourt, donde Faustino trabaja a partir de 1930 por varios

años, la música en sus múltiples variantes asalta su sensibilidad y eleva su gusto estético. Betancourt, además de eficiente negociante, tocaba el violín, y su hija Rosa era destacada pianista y una de las más reconocidas pedagogas de ese instrumento en toda la región nororiental; ambos eran miembros distinguidos, junto a los Avilés y los Urbino, de la sociedad de recreo El Alba.

La imprenta de Betancourt estaba situada en los bajos de su residencia, en la calle Mártires entre Martí y Frexes, justo al fondo de la céntrica tienda y quincalla El buen gusto (hoy Casa de la Trova El

Guayabero). Allí, desde inicios del siglo XX, se expendían fonogramas, discos, libros y, posteriormente, los primeros aparatos de radio llegados a Holguín. En ese ambiente disfrutó de grabaciones de Enrico Caruso y Carlos Gardel, además de las del Trío Matamoros, el Sexteto Habanero y el Septeto Nacional, entre otras figuras y agrupaciones de la época, de los que fue fervoroso admirador.

El Guayabero, década del treinta

LA TROPICAL: UN SEXTETO CON HISTORIA

U n año de significativa trascendencia para la música bailable en la ciudad fue 1927. La fuerte presencia norteamericana —que a través de la United Fruit Company y otras compañías, se apoderó de las mejores tierras y recursos naturales desde Las Tunas hasta Moa— terminó imponiendo el formato *jazz band* entre las orquestas de la región, teniendo a la Avilés como modelo y núcleo irradiador. Esa agrupación luego fue pionera entre las *big band* del país y en la creación de un repertorio esencialmente criollo, en el que incorporaron obras de El Guayabero, Pepé Delgado, Ángel Alberto Caissés y sobre todo de Juanito Márquez. Este guitarrista en los años sesenta impuso el *Pacá*, el más trascendente ritmo bailable que esta región nororiental aportó al patrimonio sonoro de la Isla. Y si las charangas en Holguín a partir del veintisiete comenzaron a desaparecer, los sextetos de sones perduraron un poco más en la escena musical del territorio, donde tampoco faltaron estudiantinas y otras combinaciones. La Tropical debutó en el cine Martí la noche del 24 de diciembre de ese histórico año cuando en La Habana se agrega la trompeta a los grupos soneros y surge el septeto. Sin duda ese instrumento y ese nuevo formato eran también resultado de la influencia del *jazz* y los norteamericanos, por lo que varios sextetos se resistieron a incorporarlo para preservar un sonido más tradicional y cubano. Uno de ellos fue La Tropical.[2]

Desde 1925 la prensa holguinera reseñó la presencia de grupos soneros en la ciudad, pero no fue hasta la fundación de La Tropical, y con el amparo de esa marca cervecera y su representante Facundo Dovale, que se le brinda un respaldo definitivo, y los sextetos comienzan a ocupar lugar preponderante en las fiestas y

---

[2.] El sexteto La Tropical fue fundado a finales de 1927 y Faustino no estuvo entre sus fundadores; su entrada al mismo calculamos se produjo a inicios de los años treinta. No tenemos una fecha exacta, pero se deduce por las entrevistas que le realizó el periódico *Ahora* en la década de 1960, incluidas en los anexos.

celebraciones más importantes. El apoyo de la Orquesta Avilés y la calidad de la agrupación también resultaron elementos decisivos en ese puesto de supremacía logrado por el sexteto fundado por Benigno Mesa Correa.

Mesa había estudiado música con José María Ochoa, con quien estaba emparentado y era el más importante compositor de la ciudad a finales del siglo XIX e inicios del XX. Durante varios años, Mesa integró la Orquesta Avilés y la Banda Municipal tocando el figle y el bombardino, también era insuperable en el cornetín y la trompeta, y era muy solicitado para el toque de la diana en actos fúnebres y patrióticos. Por su sexteto pasaron varios de los más talentosos soneros y trovadores de la comarca, entre ellos Francisco *Kiko* Cruz, Mario Patterson, Pepín Coello (trompetas), Dagoberto Betancourt, Luis Argudín y Pedro Guerra (guitarras), Cheo Meriño (marímbula), Manuel Vega (bongó), los cantantes y maraqueros Felén, Nito y Pito el Diablo, así como los treseros Eugenio Aguilera Solares, Nacianceno Oramas y José *Pepe* Osorio. Gracias a este último, por 1933, el joven Faustino Oramas ingresa al prestigioso sexteto, y pronto se destaca cantando en los coros y tocando las maracas.

Antes de finalizar los años veinte, proliferaban en toda la región nororiental excelentes agrupaciones soneras; en Gibara, por ejemplo, se destacaba el sexteto Romero, y en Banes, la estudiantina.

La Rechiva del Son, agrupación *sui generis* con instrumentos como piano, chelo, flauta, *drums*, trompeta y saxofón; estos dos últimos eran ejecutados por Pedro Rodríguez y su sobrino Pedro Jústiz Rodríguez (Peruchín), luego célebre pianista. Por su parte, en Holguín, los sextetos Los Criollitos y Utria conformaron, con La Tropical, la trilogía más significativa del pujante formato y el cubanísimo son.

Los Criollitos contaba con el respaldo del Alambique Holguín (fábrica de rones y vinos), y el Utria, con el de la Maltina Tivolí. Por ambos también transitaron notables músicos como Luis Peña (El Albino), Olavo Gómez, Pelagio Rodríguez y el trovador Rafael Sánchez (Felén), dueño de una hermosa voz de barítono, quien también cantó con La Tropical y otras agrupaciones. El sexteto de Pablo Utria, diestro ejecutante de la filarmónica, era llamado también Guajiros Holguineros o por el nombre de la marca, que solo le facilitaba algunos contratos, pero no le pagaba un céntimo.

Algo similar padecía La Tropical, grupo que a pesar de disfrutar de mayor reconocimiento, la única ventaja que recibía de la marca patrocinadora era el transporte, junto con las cervezas y el hielo, a los sitios donde se realizaban las fiestas y, de acuerdo con las ganancias, los organizadores pagaban sus servicios. Esas actividades, producto del *crack* económico de 1929 y de las tensas luchas contra la dictadura machadista, disminuyeron ostensiblemente en la ciudad y el campo, así como el poder adquisitivo de todas las capas sociales. En esta etapa se emprendieron iniciativas como la llamada «cocina económica», un caldero en plena vía pública para socorrer a los más hambrientos.

Los grupos soneros, dada esa dura situación económica de la época, se veían en la necesidad de aceptar contratos en bateyes y poblaciones distantes para ganar algo para el sustento. Según testimonio del propio Faustino, a veces pasaban toda la noche tocando y no recibían pago alguno, pues los organizadores alegaban no tener ganancias.

Huelgas por las elevadas tarifas eléctricas, protestas por la represión policial y la persecución a los dirigentes sindicales, estudiantiles y revolucionarios caracterizaron los albores de los años treinta. En esas luchas se distinguieron figuras como Antonio Guiteras y Felipe Fuentes, quienes dirigen en la zona la fundación de organizaciones como La Joven Cuba y el Partido Comunista, además de apoyar la constitución de los *soviets* en los cercanos centrales Tacajó y Santa Lucía.

Hasta donde sabemos, Faustino no tuvo participación en los álgidos sucesos sociales y políticos que estremecían a Holguín y a todo el país que, en agosto de 1933, conoció de la huida del tirano. Pocas semanas después, el joven músico y tipógrafo cumplía veintidós años, era un negro de facciones finas, ojos negros penetrantes, labios delgados, complexión física más bien delgada y un gran afán de conocimientos, de viajar y conocer el mundo.

Aunque los panoramas económico y sociopolítico eran sombríos, gustaba de disfrutar de la vida bohemia y los nuevos progresos, entre ellos: el cine sonoro con las películas de su ídolo Carlos Gardel, la inauguración de la Carretera Central, de la emisora de radio CMKF La Voz del Norte de Oriente y del primer aeropuerto de la ciudad,

21

casi frente a su modesto hogar. Pero nada le despertaba mayor disfrute que la música y las bellas mujeres. Sobre todo, blancas y mulatas pródigas en atractivas curvas anatómicas comenzaron a ser su tentación.

En ese histórico año en que la revolución se fue a bolina, Faustino —reacio a contraer nupcias oficialmente— se unió a Juanita Palacios, la primera mujer reconocida como tal en su dilatada vida sentimental. Era una hermosa trigueña, también de origen modesto, pero dotada de finos modales y porte elegante. Con ella tuvo a Gladys, su única hija. Ambas, años después, se distanciaron de él, de la ciudad y del país. Afirman algunos testimoniantes que llegaron a sentir vergüenza de sus vínculos con el músico negro, pobre e itinerante al que jamás se acercaron.

Su otra gran pasión, la música, fue más generosa y contribuyó significativamente a abrirle el corazón de muchas mujeres. Como afirmaba con honestidad y desparpajo en varias entrevistas, ya octogenario, las tuvo como las chupetas «de todos los colores y sabores». No obstante, como todo donjuán, entre tantos abrazos y besos de ocasión, debe haber sentido el aguijón lacerante de la soledad y la frustración del amor paternal, pues siempre solía mostrarse tierno y afectuoso con los niños.

En esos agitados años treinta en que Faustino Oramas integró La Tropical, la agrupación incorporó la trompeta y se sucedieron múltiples cambios entre sus integrantes y en su repertorio. La música no se detenía, y a los simpáticos sones de Miguel Matamoros e Ignacio Piñeiro, se fueron agregando las guarachas de Ñico Saquito, Guillermo Rodríguez Fiffe y Bienvenido Julián Gutiérrez; además de boleros, canciones, rumbas, pregones y congas de una amplia constelación de creadores que iban de Ernesto Lecuona a Rafael Ortiz, pasando por el binomio Guerra-Blanco, René Touzet y el insoslayable Arsenio Rodríguez, autor que iniciaba su labor creativa y traía sustanciales cambios para el son cubano.

Arsenio fue uno de los principales responsables de que se gestara el formato siguiente en la historia de este género, el conjunto, aunque en esta conquista venían experimentando numerosos músicos de todo el país. Desde 1928, por ejemplo, el grupo banense La Rechiva del Son trabajaba con piano y saxofón, y a mediados de los años treinta existían diversas combinaciones soneras. Entre las más destacadas de Holguín estaba el conjunto del compositor Ángel Alberto Caissés, autor de «La media naranja» y otras conocidas guarachas, así como el grupo del pianista Mundo García, en el que tocó bongó y contrabajo José *Pepín* Oramas, el hermano menor de Faustino. El primero era gran atracción en la emisora CMKF, el segundo, en la CMKO.

Caissés contaba en su agrupación con dos de los jóvenes músicos más brillantes de la ciudad: el pianista Enrique Avilés (luego muy conocido por su labor en las orquestas de Grenet, Cugat y Johnny Pacheco) y el trompetista Francisco Drigg (Bayayo), quien tocó también en importantes agrupaciones de la capital junto a Rafael Ortiz y Marcelino Guerra (Rapindey), pero, poco después, regresó e integró La Tropical hasta que Faustino funda Trovadores Holguineros, otro de los conjuntos de la ciudad que hizo historia.

Tras las huellas de un conjunto

23

Como cualquier músico empírico, a fuerza de vocación y sacrificios el inquieto maraquero y cantante continuó acercándose a los instrumentistas de experiencia, con especial interés a los que dominaban los secretos de la guitarra y el tres, decisivos cordófonos en los formatos soneros. Observaba, escuchaba y preguntaba con frecuencia a quienes ejecutaban los mismos en La Tropical, fundamentalmente a Miranda y a su primo José *Pepe* Osorio; este último luego director de la emblemática agrupación a inicios de los años cuarenta, poco antes de desaparecer ante el impulso arrollador de otras nuevas, sobre todo conjuntos, formato que ya era favorito entre los seguidores del son.

Por 1936, cuando Arsenio Rodríguez, El Ciego Maravilloso, y otros adelantados comenzaron a agregar más trompetas y otros instrumentos al septeto en aras de lograr mayor fuerza rítmica y expresiva en sus interpretaciones, el inquieto músico holguinero fundó un conjunto al que bautizó con el nombre de Trovadores Holguineros. Muy cerca de su barriada de Pueblo Nuevo, Manuel Angulo Farrán acababa de fundar la emisora CMKO, la que abrió sus puertas a los que, sin pago alguno, quisieran ofrecer actuaciones de calidad a sus oyentes. Ese fue uno de los más grandes estímulos a su incipiente labor artística.[3]

Aunque el tango, los mariachis, la música española y norteamericana —el *jazz*, con el *swing* y Glen Miller— vivían una época de particular esplendor, los géneros y formatos cubanos consolidaban su presencia en todos los escenarios de la Isla. La radio, sobre todo tras el triunfo de La Corte Suprema del Arte a finales de 1937 por la CMQ, estimuló a incontables valores que se iniciaban, incluyendo los conjuntos que buscaban darse a conocer al gran público y conseguir contratos entre los organizadores de bailes.

En esa época se funda la orquesta Arcaño y sus Maravillas que impulsa el danzón de nuevo ritmo, y el bolero se revitaliza con una hornada de creadores de la talla de René Touzet, Osvaldo Farrés, Marcelino Guerra, Orlando de la Rosa y Augusto Tariche. También la conga, la canción afro y la guaracha logran notables conquistas a través de Rafael Ortiz («Uno, dos y tres»), Armando Oréfiche («Rumba azul») y Guillermo Rodríguez Fiffe («La negra Tomasa»), entre otros que enriquecen el repertorio de tríos como el Servando Díaz, las *jazz band* Casino de la Plaza y Lecuona Cuban Boys, charangas al estilo de la de Antonio María Romeu y los numerosos conjuntos soneros que eran la novedad.

En Holguín, el de Faustino también incorpora una amplia gama de géneros, en primer lugar, los sones de Arsenio Rodríguez y Miguel Matamoros, las guarachas de Bienvenido Julián Gutiérrez y Ñico Saquito, así como los boleros de moda, incluyendo los muy exitosos de mexicanos y puertorriqueños como Agustín Lara, Alberto Domínguez, Rafael Hernández y Pedro Flores. De este último, «Obsesión» se convirtió en el favorito del gran sonero que con frecuencia pedía su interpretación a los otros cantantes de la agrupación, pues esa faceta, la de cantante solista, la comenzó a desarrollar lentamente y nunca transitó por los géneros románticos. Inicialmente solo tocaba las maracas y cantaba en los coros, luego pasó a ejecutar el segundo tres de la agrupación y, a inicios de los años cuarenta, comienza a cantar como voz solista en algunas piezas.

[3.] Ignoramos la fecha de fundación del conjunto Trovadores Holguineros. En algunas entrevistas dijo 1936; en la mayoría, 1940. Testimoniantes consultados consideran entre 1936 e inicios de 1937 +de esa etapa se conservan pocos periódicos en la ciudad, pero en la revista habanera *Radioguía* de septiembre de 1937 se incluye por primera vez la programación de la emisora CMKO, y esta consigna el programa del conjunto a las diez de la mañana.

En Trovadores Holguineros siempre prefirió que otros, por su versatilidad o su carisma, tuvieran la responsabilidad de la interpretación vocal y nunca le faltaron excelentes voces primas. La primera fue la de Chicho González; luego, la del destacado locutor Alberto Velázquez y, sobre todo, la de Francisco *Paco* González, quien permaneció durante años aportando una excelente y bien dotada voz que le permitía transitar con facilidad por diversos géneros.

Otra figura relevante fue el trompetista y compositor Francisco Drigg Oropesa (Bayayo), que antes había trabajado con el conjunto de Alberto Caissés y con Rafael Ortiz en el cabaret habanero Montmatre, e hizo aportes sustanciales en la gestación y nivel profesional del grupo. Dueño de un sonido limpio y poderoso, le daba un toque de distinción a su sonoridad, además desempeñarse como director musical y guía de los otros que en esa primera etapa dieron sus aportes. Entre ellos estuvieron el guitarrista Jorge Rodríguez, los treseros Eugenio Aguilera Solares y Montalvo, así como su hermano el contrabajista Pepín Oramas. Para las trasmisiones radiales y algunos bailes importantes agregaban al ensamble el piano, el cual era ejecutado por Andrés Coayo y, en ocasiones, por José *Pepé* Delgado.

El padre de este último, el notable pedagogo tunero Rafael Delgado, impartía la asignatura de Geografía en el Instituto de Segunda Enseñanza desde su inauguración en 1937. Él llevó a su hijo a cursar los estudios de bachillerato a ese centro a inicios de 1940. De inmediato Pepé Delgado se convirtió en una de las atracciones musicales de las dos emisoras, el Teatro Infante (hoy Comandante Eddy Suñol) y la orquesta Tentación, entre otros escenarios y agrupaciones que vieron nacer uno de los más relevantes artífices de nuestra música popular.

A diferencia de Faustino, Pepé había recibido una sólida formación musical, que incluía estudios en el Conservatorio Municipal de La Habana, por eso podía transitar con facilidad por diversos formatos, impartir clases de música, componer, orquestar y dar respaldo a importantes empeños culturales que se gestaban en Holguín, territorio que, desde 1940, había alcanzado la condición de municipio de primera clase por su alta densidad demográfica, su activa vida política, social y económica.

La propaganda en boga reiteraba, sobre todo en ciertas campañas políticas, esas y otras conquistas reales o supuestas, pero nadie podía ocultar el descontento del pueblo, que carecía de acueducto y alcantarillado, poseía apenas cuatro calles asfaltadas y otros males que los gobiernos de Fulgencio Batista, Grau San Martín y Prío Socarrás, como los precedentes, hicieron muy poco por erradicar.

Los holguineros emprendieron la lucha para combatir la corrupción de los gobiernos Auténticos, una inmensa mayoría apoyó la fundación del Partido Ortodoxo y la lucha de su líder Eduardo Chibás, quien fue proclamado en la ciudad candidato a las elecciones presidenciales de 1946. Con igual ímpetu se emprendieron iniciativas para enriquecer la vida espiritual, cultural y recreativa de sus habitantes. En comparación con otros pueblos de la región sumidos en total abandono, la Ciudad de los Parques exhibía logros superiores y no faltaron quienes se empeñaron en el proyecto de fundar la provincia Oriente Norte con capital en Holguín.

En esos años la música vivía en estos lares una época de grandes conquistas. La coral fundada por el maestro Manuel Trinidad Ochoa llegó a realizar hasta montajes de óperas; la Orquesta Avilés era considerada una de las mejores de Cuba, y varias voces, compositores y agrupaciones de los territorios que conforman la actual provincia holguinera se ubicaron entre los más prestigiosos del país: Fernando Albuerne, Tito Álvarez, Manuel Licea (Puntillita),Georgina Doubuchet, Wilfredo Fernández, Edelmira de Zayas, Trío Hermanos Rigual, Pedro Jústiz (Peruchín) y René Urbino fueron algunos de ellos.

En Holguín, la música bailable era también de un amplio espectro. Por un lado, los órganos de baile; por otro, las *jazz bands* con la Avilés, Hermanos Coayo y la pujante Tentación, las cuales rivalizaban a la hora de conseguir contratos para amenizar bailes en las sociedades de recreo de la ciudad e incluso en otras poblaciones de la región. Los conjuntos estaban entre los favoritos, y en este formato descollaban también Los Príncipes del Son, Los Dandys, Ases del Ritmo, Sonora Holguinera, Yumurí y Actualidades, que contaban con músicos muy talentosos y de larga experiencia como Luis Peña (El Albino), Benigno Mesa y Kico Cruz.

A pesar de las adversidades, Faustino, lleno de optimismo y sueños, busca alternativas e inicia su larga y trascendente faceta

26

de juglar o trovador sonero. A su guitarra o tres, une maracas o bongó para emprender sus largos recorridos por bateyes y colonias de caña de la región, y, poco después, los fue extendiendo a toda la provincia y gran parte del país. Al principio, emprendía los viajes los días previos a las jornadas de cobro y retornaba a la ciudad donde con el conjunto realizaba programas en la CMKO, cumplía los contratos que surgían para amenizar bailes o sencillamente con su instrumento tomaba por asalto parques, centros gastronómicos o bares, en los cuales los asiduos cooperaban con «el artista cubano».

El conjunto era una especie de «ven tú», esos grupos ocasionales a los que en las fiestas de fin de año, los carnavales y otras celebraciones masivas —aun en esos períodos marcados por las huellas de la Segunda Guerra Mundial— no les faltaban propuestas de trabajo. Por eso, si lo abandonaban algunos ante propuestas más estables o mejor remuneradas, nunca le faltaban instrumentistas de talento, entre ellos descollarían dos guitarristas banenses que luego harían historia con el grupo Trovadores Cubanos: Mario y Octavio Sánchez Olaguive, el legendario Cotán.[4]

Un hecho de singular trascendencia en la vida de Faustino se produjo en 1943, año en que compuso «Tumbaíto», su primer son. Solo o con el conjunto solía cantar esa pieza, la cual muy pronto se hizo popular en toda la región. Al siguiente año Pepé Delgado, tras su ruptura matrimonial con Carmen Cortina —una bella holguinera que sucumbió ante las presiones de su acaudalada familia que se negaba a tener en su seno a un humilde músico—, se fue para la capital y allá transformó la pieza, junto al santiaguero Faustino Miró, en una simpática guaracha que, en 1945, se convirtió en una de las composiciones cubanas de mayor éxito.

Con profundo pesar Faustino escuchaba cómo una y otra vez, a través de la Mil Diez, RHC Cadena Azul, CMQ y otras emisoras, interpretaban la composición, rebautizada con el nombre de «El Tumbaíto». El Fantasmita con la orquesta de Pilderot; Toty Lovernia, la orquesta Casino de la Playa, con Cascarita como intérprete, con un excelente arreglo de Dámaso Pérez Prado que auguraba la

27

---

4. Octavio Sánchez, Cotán. Junto a su hermano Mayito y los cantantes Adriano Rodríguez y Dominica Verges, integró en los años sesenta el grupo Trovadores Cubanos, que desarrolló una notable labor en el rescate de la obra de Sindo Garay y otros grandes de la trova cubana. Estudiosos de la guitarra como Radamés Giro han resaltado las virtudes de Cotán en el instrumento, con él acompañó intérpretes como Pablo Milanés en los discos *Años* y *Proposiciones*.

gran renovación que llegaría poco después con el mambo, fueron algunos de los intérpretes que la popularizaron.

Estimulado por los músicos de su conjunto, por amigos y familiares, Faustino hizo la reclamación correspondiente ante la Sociedad de Autores; esta dictaminó que la obra popularizada no era de la total autoría de Faustino Oramas ni tampoco de Pepé Delgado. El dictamen final fue que cualquier interpretación o registro fonográfico que se hiciera de «El Tumbaíto» debía dar crédito a ambos artistas.

Así lo hizo Libertad Lamarque cuando en enero de 1946, durante su primera visita a Cuba, la grabó con el respaldo de la Orquesta Cosmopolita para el sello discográfico Panart. Sin embargo, la extensa constelación de famosos intérpretes y agrupaciones que luego la grabaron —Miguelito Valdés, Mirta Silva, Xavier Cugat, Antonio Machín y un largo etcétera— ignoraron este dictamen. Algo similar ha ocurrido en las últimas décadas con «Cuidado con el perro», pues tras la reclamación y reconocimiento legal a su verdadero autor, Virgilio González, no procede reconocer autoría a Faustino, información que continúan ignorando sellos discográficos, emisoras de radio y TV, así como otros medios.

Tras el litigio con el notable músico tunero, sin duda uno de los arreglistas y compositores más brillantes que ha conocido este formato, Faustino logró popularidad entre los del gremio y en un amplio sector del público de la región oriental. En Holguín, Bayamo, Tunas comenzaron a llamarle Tumbaíto o Rey del Tumbaíto e, incluso, llegó a presidir la Sociedad de Autores, Editores y Directores de Conjuntos de Oriente (1953) y el Sindicato de Músicos de Holguín (1958). No obstante, el reconocimiento y la salida del anonimato, los beneficios económicos eran casi nulos y seguía siendo el mismo músico bohemio, pobre y marginado.

Las emisoras de radio rivalizaban por ganar los *survey* o encuestas de audiencia, en su afán de conquistar la preferencia de los oyentes y con ello el respaldo económico de los patrocinadores. No faltaron iniciativas como la de dejar a un lado la programación musical con discos —en las emisoras del interior del país ocupaban estas el mayor horario de trasmisiones y los que hacían actuaciones en vivo eran casi siempre por la promoción— y contratar artistas locales o nacionales. Eso sucedió sobre todo en el más encarnizado *survey* que se recuerda en Holguín, el de 1952, año en que se enfrentaron

Radio Holguín, autoproclamada La Emisora Musical de Oriente, y la CMKF. La primera invirtió un inmenso caudal en contratar notables artistas, incluyendo extranjeros como Los Chavales de España y Ernesto Bonino, mientras que la llamada La Voz del Norte de Oriente exhibía un cartel con excelentes músicos de la ciudad.

En la CMKF se destacaban el *crooner* Ricardo Guillén, la *jazz band* Mundo y sus Príncipes, y los cantantes líricos Raúl Camayd y Gloria Herce, luego fundadores del Teatro Lírico Rodrigo Prats, entre otros valores que ya habían calado hondo en el gusto de los holguineros. Sin embargo, la emisora rival contaba con la cancionera María Luisa Chorens, la orquesta Hermanos Avilés, respaldando las actuaciones de Benny Moré, que entonces se presentaba como El Príncipe del mambo; la Hermanos Castro con Olga Guillot, y Faustino con Trovadores Holguineros, entre otros nombres de gran prestigio que inclinaron la balanza a favor de Radio Holguín.

En los 15 días de mayo de ese 1952, cuando el más grande músico popular de Cuba fue contratado por esta emisora —igual que Ibrahím Urbino, entonces esposo de la Guillot y prestigioso locutor de la RHC Cadena Azul, quien al año siguiente lo bautiza como El Bárbaro del Ritmo—, el creador de «Tumbaíto» y el de «Amor fugaz» estrecharon vínculos de amistad y camaradería que para el holguinero fueron motivo de orgullo durante toda su vida, pues para él no existió en nuestra música nadie que lo superara en virtudes artísticas y humanas.

El Benny ya había visitado la ciudad en varias ocasiones, la primera vez por 1940, cuando formaba parte de un trío camagüeyano; luego, en más de una oportunidad, con la orquesta de Mariano Mercerón o por invitación de Francisco *Kico* Cruz Guisado, notable trompetista y compositor de Pueblo Nuevo que integraba esa prestigiosa agrupación. Kico le brindó dos composiciones que estuvieron entre sus primeros éxitos grabados en la Isla: el bolero «Demasiado santa» y el son montuno «Candelina Alé». Fue a través de este vecino y colega durante su permanencia en La Tropical, que Faustino lo conoce y realmente los tres tenían mucho en común, especialmente la pasión por la música cubana, las mujeres y el trago de ron.

Durante ese lejano mayo, en que el Sonero Mayor vivió su más prolongada estancia en estos predios, juntos recorrían la ciudad.

29

Por el día realizaban animadas tertulias y descargas en la barbería de Joaquín Oramas, hermano del juglar, y por las noches, luego de cumplir con el contrato en la emisora, se iban para la Plaza del Mercado o participaban en serenatas y fiestas que se prolongaban hasta al amanecer. Mucha gente quería conocer al famoso cantante, en primer lugar, los músicos y artistas. Ese fue el caso de María Calderón, poeta y compositora que puso en sus manos la guaracha «Salomón». Él prometió grabarla y muy pronto cumplió su palabra. Antes de concluir 1952 sonaba en todas las vitrolas y emisoras del país.

En esos primeros años de la década de 1950, la vida musical holguinera era variada e intensa; a las emisoras, teatros y sociedades de recreo se habían sumado los *night clubs* y pequeños cabarets como el Casana Club, Terraza Club, 80 Club, Capri Club y Brisas de Yareyal. Todos ellos contrataban artistas y agrupaciones nacionales e internacionales, desde Benny Moré a la Aragón, pasando por Chepín-Chovén, Jorrín, la América, Fajardo y sus Estrellas, Roland Gerbau, Olga y Tony o Pedrito Rico. En ellos surgieron cantantes, compositores, músicos, arreglistas y actores como Juanito Márquez, César Morales, Germán Piferrer, Francisco García Caturla, Mario Limonta, Carlos Quintana, Rogelio Leyva y Manuel Galbán, entre otros.

No obstante, estos y otros índices de progreso cultural en la región, el panorama sociopolítico inicia una de sus etapas más oscuras y angustiosas. El 10 de marzo de 1952 se produjo un golpe de Estado protagonizado por Fulgencio Batista, y la férrea dictadura que instauró, en contubernio con las fuerzas más reaccionarias del país y del exterior, intensificó las luchas políticas y otros males. El dolor, la tristeza y la muerte se expandieron a lo largo de la Isla.

El conjunto continuó realizando para su publicidad algunas presentaciones en Radio Holguín, en CMKF y en CMKO. Los honorarios después de los *surveys* eran míseros, pero ayudaban a conseguir algún que otro contrato para amenizar bailes. La agrupación seguía contando con valiosos instrumentistas, incluyendo la colaboración ocasional de talentos de la talla de los trompetistas Eduardo Márquez y el legendario Jorge Varona, miembros de la prestigiosa orquesta Avilés, con la que alternaron en más de una oportunidad y la que también nutrió sus filas con integrantes del conjunto. El más significativo fue Carmito Oramas, sobrino del juglar, quien, como su hermana Irma, ha brillado con luz propia en la historia musical de Holguín. Entre los vocalistas se destacaron Alfredo *Chiquitín* Morales y Negro Osorio.

La fuerza alcanzada por el mambo y luego por el Chachachá ubica en planos estelares las *jazz band* y las charangas; mientras que son relegados los conjuntos soneros, sobre todo en ciudades del interior del país como Holguín. En ella, en la medida en que el régimen iba incrementando sus desmanes, mermaban los bailables y no dejaban de surgir nuevas agrupaciones de gran calidad como la charanga Armonía, de Augusto César Milord; el grupo de Juanito Márquez y el Conjunto Orbe, donde se nuclearon brillantes músicos que también integraban la Avilés y otras orquestas que, dadas las limitaciones, proponían un formato alternativo, más pequeño y barato. Ante este panorama, Faustino muchas veces estaba en la necesidad de volver por las colonias de caña, los caseríos y pueblos perdidos en la agreste geografía oriental, y prácticamente cesaba las presentaciones del conjunto, las que en ocasiones algunos contratantes se negaban a pagar; para esos casos extremos contaba con una temible fusta de cuero. Según testimonio de su sobrino Santana Oramas, en una ocasión en Cacocum se vio obligado a recurrir a ella, pero con tan poca fortuna, por la fortaleza y habilidad del rival, que terminó recluido en el hospital durante varios días.

Tras la llegada del yate Granma, en la región nororiental la soldadesca mostró una de sus caras más crueles, empeñada en que no se extendiera la guerra iniciada por Fidel y el Ejército Rebelde. En esos lares asesinó a más de una veintena de holguineros durante las tenebrosas Pascuas Sangrientas de diciembre de 1956 y luego les quitó la vida a otros valiosos dirigentes, colaboradores del Movimiento 26 de Julio e incluso a gente de pueblo sin filiación política alguna. Entre los caídos estuvo Manuel Angulo Farrán, el propietario de la emisora CMKO, quien, generosa y desinteresadamente, estimuló la carrera artística de este músico negro, que a través del son de doble sentido, caminos y guardarrayas, escapaba de tan nefasta realidad.

En 1958 el Ejército de Batista emprendió acciones bélicas criminales contra poblaciones como Sagua de Tánamo, una ciudad heroica que la metralla transformó en ruinas. En toda la región, el sector de la música fue uno de los más afectados, pues desapare-

31

cieron las fiestas y cerraron los centros nocturnos. El Guayabero, como secretario general de los Músicos de Holguín, desarrolló una intensa pero infructuosa actividad a favor del subsidio de estos.

Ni la tiranía ni la corrupta organización obrera dirigida por Mujal aliviaron la difícil situación económica de este sector de trabajadores y sus familiares.

En la ciudad algunos músicos sufrieron amenazas, otros fueron usados para aparentar una inexistente tranquilidad. En más de una oportunidad, los soldados montaron en camiones y otros medios de transporte a órganos de Abelardo Barberena —notable constructor de estos instrumentos musicales, hombre simpático y jaranero que Faustino visitaba con frecuencia—, con ellos recorrían las calles y trataban de frustrar acciones del Movimiento 26 de Julio. Como otros muchos, Faustino se vio en la necesidad de vender billetes de lotería y desempeñar otras labores ante los apremios de la subsistencia.

32 Un juglar y su picardía

Desde épocas muy remotas, el juglar, aeda, bardo o trovador ha sido un artista de pueblo que, acompañándose de la lira, el laúd, la guitarra o el tres, ha recreado sucesos y sentimientos épicos, políticos, románticos y humorísticos que han enriquecido, sustancialmente, la música y la literatura populares de diversos pueblos de Europa, América y otras partes del mundo.

Aunque estos músicos-poetas poseen características comunes, también tienen otras que los singularizan según la época, la geografía, el idioma y el instrumento del que se acompañen. Como otros pueblos del Nuevo Mundo, en Cuba la herencia europea fue decisiva, especialmente de Andalucía y todo el sur de España. En esa región fue notoria la presencia de la cultura africana, la cual originó el surgimiento de la guaracha, género que al llegar a esta isla fue decisivo en la gestación de la música criolla y de los antecedentes de un músico tan original y, a la vez, tan común, como El Guayabero.

Desde inicios del siglo XIX se tienen referencias de que los trovadores o cantadores criollos que recorrían La Habana y otras ciudades, recreaban en sus canciones crónicas y hechos cotidianos con una dosis de humor y hasta de doble sentido, como sucede en la guaracha «La Guabina»:

> *La mulata Celestina*
> *le ha cogido miedo al mar*
> *porque una vez fue a nadar*
> *y la mordió una guabina.*
> *Entra, entra guabina*
> *por la puerta de cocina.*
>
> *Dice Doña Severina*
> *que le gusta el mazapán*
> *pero más el catalán*
> *cuando canta la guabina.*
> *Entra, entra guabina por la puerta de la cocina.*
>
> *Ayer mandé a Catalina*
> *a la plaza del mercado*
> *que me trajera dorado*
> *y me le dieron guabina.*
> *Entra, entra guabina*
> *por la puerta de la cocina.*

33

La guaracha, como ha escrito María Teresa Linares en su libro *Introducción a Cuba: la música popular*, es un tipo de canción de ritmo rápido que «siempre recogió el choteo criollo, el hecho político o el tipo del pueblo que se describía de manera picaresca». Las composiciones de este género han sido muy atacadas por moralistas, culteranos, burgueses y aristócratas enemigos de la cultura popular.

La reconocida musicóloga, en su meritorio estudio, incluye opiniones de este corte tomadas del periódico *Regañón de La Habana* en su edición del 20 de enero de 1801:

> Pero de todo lo que me ha incomodado más [...] ha sido la libertad con que se entonan por esas calles y en muchas casas una porción de cantares en donde se ultraja la inocencia, se ofende la moral [...] ¿Qué diré de La Guabina que en boca de los que la cantan sabe a cuantas cosas

puercas e indecentes y majaderas se pueda pensar?».[5]

Expresiones similares se siguen escuchando, tiempo después, cuando el teatro bufo y vernáculo cobra auge, desde la mitad del siglo XIX hasta las primeras décadas del XX, con dramaturgos como Francisco Covarrubias, Federico Villoch y los hermanos Robreño, los cuales contaron con el respaldo de compositores de la talla de Enrique Guerrero, Jorge Anckermann y Eliseo Grenet, quienes recorrían con diversas compañías el país. Ellos solían tomar préstamos, para sus puestas, de personajes y situaciones locales que luego eran recreados en el Villanueva, el Alhambra, el Payret y otros teatros habaneros. Lamentablemente muchas veces se ignoran esos aportes de la Cuba profunda y la cultura rural a disimiles elementos de la identidad e idiosincrasia cubanas.

Al igual que en La Habana y otras ciudades, en caminos y guardarrayas, en caseríos y bateyes proliferaron trovadores, tonadistas o improvisadores que acompañándose del laúd, el tiple, la bandurria o el tres cantaban también guarachas, sones montunos y otros géneros e intergéneros desbordantes de gracia, humor y fabulación. Y todo ese legado, salvo las honrosas excepciones de Samuel Feijóo y algunos más, ha sido poco estudiado, promovido y conservado.

Sin duda muchos de los elementos nutricios de la obra y el estilo de El Guayabero se encuentran en ese universo mágico del folklore de monte adentro, aunque con múltiples vasos comunicantes con la música urbana, especialmente con la guaracha y el son que marcaron notoriamente a todos los cubanos de su generación.

Las clasificaciones y paradigmas siempre son superados por la vida y sus constantes transformaciones, las que terminan de poner el cartel de cliché y anticuado a lo que ayer parecía absoluto o convincente. Así, por ejemplo, precursores y artífices de la trova tradicional, como Pepe Sánchez y Manuel Corona, fueron excelentes cultores de simpáticas y rítmicas guarachas por una u otra razón. Igualmente, cultores de la llamada trova del son o trova intermedia —dígase Miguel Matamoros, María Teresa Vera o Graciano Gómez— crearon numerosas piezas bajo los patrones melódicos de la trova tradicional.

34

[5.] Citado por María Teresa Linares en: *Introducción a Cuba: la música popular*, p. 30.

El Guayabero siempre que le preguntaban sobre la trova respondía que esta era una sola. Y, en efecto, cuando se analiza su historia, es palpable —al margen de la dialéctica y los cambios de la vida— que la misma es un movimiento artístico de unión y continuidad que sintetiza las mejores conquistas de la cancionística e, incluso, de la música bailable de la gran Isla del Caribe, puente, enlace y mixtura de diversas culturas.

Al pícaro juglar por su fecha de nacimiento y algunos rasgos de su obra lo ubicamos en la segunda generación de trovadores soneros, junto a Ñico Saquito, Compay Segundo, Lorenzo Hierrezuelo y dos más cercanos: Ángel Alberto Caissés y Guillermo Rodríguez Fiffe. Aunque este último vivió pocos años en Mayarí y Antilla, y al igual que Caissés la mayor parte de su quehacer la desplegó en La Habana.

Aunque la obra de El Guayabero fue concebida en la ciudad y estaba influida por la vertiente urbana, rítmica y desbrozadora de nuevos caminos que iniciaron en la música cubana Miguel Matamoros, Ignacio Piñeiro y otros grandes de la trova y el son, fue la ruralidad su gran escuela, lo mismo en la música que en su poética. Desde muy joven salió a recorrer los campos para ganar el sustento y, en su agitada existencia en la ciudad holguinera, la Plaza del Mercado, siempre pródiga de campesinos que cantaban y vendían sus décimas, era puerto insoslayable en sus andanzas.

La estampa de este juglar parecía congelada a inicios de los años treinta del siglo XX, por su sombrero *cantonié* —también llamado jipijapa y huevo frito—, sus botines y el vestuario de esa época; pero por su voz y su tres desfilaban siglos de tradición popular, por eso se convirtió en un artista tan representativo de lo cubano y muy querido en todas partes, especialmente en España; escenario de sus principales éxitos internacionales y en donde muchos encontraron similitudes con poemas y canciones de su folklore.

Este trovador/guajiro, como lo ha definido el doctor Danilo Orozco,[6] se distinguió por un estilo musical sencillo e ingenioso, basado en tumbaos treseros «atravesaos» de la cuenca del Cauto, zona muy cercana a su ciudad natal, en la que las cuartetas o reginas devinieron soporte literario por excelencia del son y de disímiles variantes como nengón, Kiribá, rumbitas y el changüí guantanamero.

35

---

6. Danilo Orozco: *Matamoros y el entorno o lo integrador universal del modo son*, pp. 21 y 23.

De ellas se nutrió el talento y el ingenio de este artista que tuvo de Quijote y de Lazarillo, de montuno y citadino, de tradición y renovación, de santo y de pecador que a través de la música se redimía y hacía catarsis en medio de una sociedad que lo humillaba por negro, pobre y poco letrado. Como otros, asumió diversos formatos trovadorescos o soneros, preferentemente el conjunto, pero fue fiel a la juglaresca. En primer lugar, tenía devoción por su arte, y en sus presentaciones daba rienda suelta a sus improvisaciones, por lo que sus piezas —para desespero de directores artísticos y productores de espectáculos y sellos discográficos— podían extenderse más allá de diez minutos e incluir personajes, fragmentos y hasta piezas completas, anónimas o de otros creadores, como son los casos de «La yuca de Casimiro» y «Cuida'o con el perro».

A su inclinación por el doble sentido influyeron las características de su público más frecuente en las décadas que van de 1930 a 1950, compuesto fundamentalmente por hombres solos que frecuentaban bares, cantinas, prostíbulos y, por lo general, desempeñaban duras tareas agrícolas, en almacenes, industrias y disímiles oficios de gente pobre que buscaba, en el alcohol, el sexo fácil y en cualquier entretenimiento de ocasión, una vía de escape a las miserias de sus vidas.

En estos sitios y ambientes sórdidos de Holguín, como los prostíbulos y casas de citas de María Vázquez, La China y El Chémbalo, siempre era bien recibido con sus sones y guarachas picarescas, pletóricas de alusiones sexuales y choteo criollo. Su inestabilidad económica, su afán de hacer de la música el centro de su existencia y las frecuentes ausencias del hogar, habían destruido su matrimonio, así que en esos lugares también buscó y encontró compañía sentimental. Particularmente trascendente fue una mulata de radiante belleza y atributos físicos, la cual se convirtió en musa inspiradora de una de sus composiciones más famosas: «Marieta».

Actualmente la mujer, que veía bailar noche tras noche, allá por el año 1948 en la casa de citas de La China, integra el *Diccionario de la mitología cubana. Catauro de seres míticos y legendarios de Cuba*, de Manuel Rivero y Gerardo Chávez, importante estudio en el cual esta reina del baile y la diversión se une a beldades de su raza como Cecilia Valdés y Amalia Batista. Además de trascender en otras obras de la literatura, el cine y las artes plásticas como ha sucedido con los personajes antes mencionado o seres de carne y hueso, algunos, la «Macorina», por ejemplo, motivaron historias y composiciones musicales con similares dosis de humor y picardía.[7] «Como baila Marieta» y otras obras de este tipo eran consideradas, por algunos, inmorales e indignas de divulgación y reconocimiento como parte de la cultura y la tradición de la que nunca dejarán de formar parte. Cómo olvidar que timoratos y beatas casi matan a Eliseo Grenet cuando este en 1950 popularizó el sucu Felipe Blanco. El maestro, indignado, respondió a sus acusadores: «¡Yo no escribo música inmoral para mi pueblo!». Valoraciones similares e, incluso, prohibiciones de transmisión, por parte de comisiones de la ética, en la radio y en la naciente televisión, recibieron creaciones de Arsenio Rodríguez, Ñico Saquito y otros compositores musicales que se atrevían a usar recursos como el doble sentido.

Conocedor de las barreras e imposiciones de esta modalidad de su quehacer, El Guayabero, en sus actuaciones en la radio, sociedades de recreo y otros sitios de la burguesía para los que era contratado con su conjunto, acudía a un repertorio más convencional que no iba más allá de las guarachas de Ñico Saquito. El doble sentido y las interminables improvisaciones encontraban campo fértil en los predios de la gente más humilde, la cual daba rienda suelta a la risa y a la alegría, libre de los prejuicios, máscaras y formalidades que siempre distinguieron a las clases ricas de antaño.

A campos y bateyes, sitios preñados de luz y aire puro que lo llenaban de optimismo pese a las penurias que lo obligaban a pasar el cepillo con el consabido «coopere con el artista cubano», retornaba una y otra vez. En ellos muchas veces a cambio de sus descargas interminables solo obtenía un plato de comida, unos tragos o un lugar donde pernoctar. En uno de esos recorridos, por el año 1955, llegó al caserío Guayabero, cercano al central santiaguero Miranda (hoy Julio Antonio Mella), y allí vivió una peligrosa aventura que le inspiró la pieza que le dio definitiva identidad artística.

En una rústica cantina el juglar, acompañado de varios músicos de su conjunto, se divertía de lo lindo cantando sus simpáticas composiciones, mientras los parroquianos se reían a carcajadas. Una hermosa trigueña del lugar les servía tragos de vez en cuando, hasta que llegó el jefe del puesto de la Guardia Rural, quien era el esposo

37

[7] Manuel Rivero y Gerardo Chávez: *Diccionario de la mitología cubana. Catauro de seres míticos y legendarios de Cuba*, p. 89.

de la muchacha y, celoso, armó la bronca. Mientras corría entre los verdes cañaverales nació la inspiración. Carta de presentación a la que arrimó su guitarra o su tres.

Con En Guayabero, el músico trasnochador, amante del son y las mujeres, comenzó a perder su nombre y a ganar el alias que lo ha inmortalizado. Pasado un tiempo se convirtió en tema obligado en cualquier sitio al que arrimó su guitarra o su tres y, más importante aún, devino especie de carta blanca que desarmó a no pocas gentes de rostro adusto que no transigían ante sus canciones «irrespetuosas», pues ante tamaña expresión de autochoteo o de burlador burlado, sus canciones terminaban tomando un matiz festivo e indefenso.

Con sólidos argumentos, notables teóricos han señalado el choteo como un rasgo negativo de los cubanos. Al menos ese choteo que se burla y pone en ridículo auténticos valores éticos y de humanismo; sin embargo, por otro lado, un estudioso tan profundo como Jorge Mañach en su ensayo *Indagación del choteo* nos advierte que:

El cubano medio posee una notoria vis cómica, como todos los pueblos de rápida actividad mental. Si no es, por lo común, nada profundo, percibe en cambio sin demora todos los alcances superficiales de un hecho cualquiera y efectúa velozmente aquellas aproximaciones mentales que producen el chispazo de lo cómico. A veces, por consiguiente, el choteo tiene verdadera gracia: nos descubre lo objetivo risible que había pasado inadvertido a los observadores más intensos o de menor agilidad mental.[8]

Con solo quinto grado de escolaridad, él estaba lejos de proponerse postulados estéticos y credos filosóficos de alto rigor académico para asumir la creación de sus composiciones. No obstante, poseía ese requisito indispensable para comunicar al auditorio los mensajes que se proponía: sentido del humor. Como ha señalado el esteta búlgaro Lazar Koprinarov:

No todos somos capaces de percibir lo cómico y para poseer esta facultad se necesita estar cerca de la vida,

---

8. Jorge Mañach: «Indagación del choteo». *Identidad y descolonización cultural*, p. 204.

conocerla y verla en toda sus riquezas y contradicciones. El sentido del humor corresponde a un pensamiento agudo, chispeante, capaz de asociaciones inesperadas».[9]

Cuando se analizan los textos de sones como «Marieta», «Mañana me voy a Sibanicú» o «Félix Solano», uno se convence del profundo conocimiento empírico, ingenio y gracia de este artista al que con toda justicia Frank Delgado, otro gran artífice de la trova del son, llamó «filósofo popular» en su canción «Orden del día», y es que El Guayabero maneja con eficacia recursos de la categoría estética lo cómico: la exageración, el ritmo que se desvía del transcurso normal de la acción, la ironía, la sorpresa y el mal entendido. Con ellos muchas veces fustiga la vagancia, la lujuria y los falsos valores de la moral burguesa y la estulticia humana.

Un buen ejemplo lo tenemos en los siguientes versos incluidos en su son «En Guayabero», que satirizan uno de los pecados capitales: la gula.

Un guajiro el otro día   39
llegó a una fonda apurado
y pidió para almorzar
seis platos de bacalao
se comió un lechón asado
con treinta bolas de queso
cuando estuvo satisfecho
en el jardín se agachó
y cuando se levantó
la tonga valía mil pesos.

Y si amplia es la galería de personajes y situaciones, también lo es el caudal de recursos literarios al que, como buen folklorista, acude para darles vuelo poético a sus propuestas, como esta cuarteta de evidente matiz surrealista que desliza en «Como baila Marieta»:

Yo vi una niña lavando
un par de medias azules
y se le coló una rana
entre el domingo y el lunes.

[9.] Lazar Kropinarov: *Estética*, p. 22.

Incomprendido y marginado durante mucho tiempo, todo comenzó a cambiar para él después de 1959. Poco a poco se fueron desvaneciendo prejuicios y barreras, cercas y fatalismos geográficos. Se empezaba a reconocer y legitimar cualquier aporte por diferente, pequeño o distante que estuviera de la capital. El Guayabero fue de los primeros artistas que se convirtió en profeta en su distante territorio holguinero.

El tumbaíto · El paso de Encarnación · Dile
La tentadora · Negrito ¿de qué? · España
Guajira con tumbao · Cubanita mía...

ANTONIO
MACHIN
Ritmos Latinos
Camarera de mi amor

Vol.2

El despegue de un creador

Con inmensa alegría el pueblo cubano recibió el triunfo de la Revolución, convencido de que se iniciaba una nueva etapa en su historia. Los trovadores soneros, con Carlos Puebla a la cabeza y sus canciones desbordantes de humor como «Llegó el Comandante y mandó a parar», retratan con maestría las grandes transformaciones que se inician. Al fin tendría un trabajo seguro y otros derechos que lo dignificaban como hombre y artista. No faltarían batallas y esfuerzos, obstáculos, sueños y frustraciones, pero en otro contexto social de franqueza y unión por el bien colectivo que se abría e irradiaba una luz de progreso y esperanza que trascendía las fronteras. En el caso de los músicos, uno de los primeros retos fue desterrar el uso de los aparatos mecánicos en los bailes y lograr la contratación de las agrupaciones. En ese y otros empeños, Faustino colaboró con el sindicato y las nuevas organizaciones que iban surgiendo por doquier.

En la ciudad la vida cultural alcanzó una impresionante masividad, calorizada por Cultura Municipal y su entusiasta director, el doctor Silvio Grave de Peralta. En esos años fundacionales nacieron instituciones de la valía de la biblioteca Alex Urquiola, el Orfeón Holguín, el Teatro Lírico, además de un movimiento coral no igualado en décadas posteriores. La música bailable también vivió momentos de singular esplendor, por entonces el juglar integró un tiempo la nómina de Estrellas de Oriente, uno de los mejores conjuntos holguineros de entonces, luego reorganizó su agrupación Trovadores Holguineros, al frente de la cual participó, entre 1962-1964, en incontables carnavales, En esas fiestas de particular expansión en que los cubanos toman calles y plazas, bailan, beben cerveza y ríen, este músico comenzó a ser una de las figuras más solicitadas. En ese breve período, cuando se inicia su despegue como creador, no faltaron momentos de tristeza como su último encuentro con Benny Moré, ya en franco deterioro físico por las dolencias que meses después lo llevaron a la tumba.

Un encuentro feliz y decisivo en la proyección nacional de su obra se produjo en el carnaval de 1964. En ese verano alternó en San Germán (hoy municipio Urbano Noris) con el notable cantante Pacho Alonso, quien incorporó varios de sus sones a su repertorio y con «En Guayabero», en ritmo de pilón, logró un significativo éxito en Cuba y el exterior. La pieza se incluyó en un disco de larga duración que, al año siguiente, grabó en los estudios de la Egrem y que fue comercializado en los países socialistas de Europa. En esas fiestas populares también tuvo su bautizo de fuego el *pacá*, ritmo en el que su creador, Juanito Márquez —uno de los más notables arreglistas y orquestadores de las obras de Pacho y El Guayabero—, fusionó el *joropo* venezolano con la música cubana e hizo de Holguín en esa etapa una de las capitales de la música bailable en la Isla.

Por esa fecha, ya con su definitivo nombre artístico y el estatus de trovador profesional, actúa por primera vez en emisoras y canales de televisión de la capital, en el Hotel Nacional y en otros muchos centros nocturnos habaneros y de otras provincias y municipios. El inquieto juglar reinicia con inigualable ímpetu juvenil sus periplos por todo el país, pero esta vez con el aval de una obra consolidada que se multiplicaba, a través del disco y los medios de difusión, en múltiples versiones y arreglos.

Entre otras figuras y agrupaciones que se nutrieron de su pequeño, pero contagioso y simpático catálogo estuvieron Ramón Avilés, Edda Quian, Niño Rivera, Conjunto Club de Salinas, Ibrahím Ferrer con Los Bocucos, las orquestas Sensación, Neno González, Original de Manzanillo, Maravillas de Florida, la Avilés y la de la Imprenta Nacional, que en el lustro 1965-1970 popularizaron en todo el país sones como «Oye el consejo», «Ay candela», «21 de mayo», «Me voy pa Sibanicú», «Como vengo este año» y «Como baila Marieta».

Desde el triunfo de la Revolución, expresiones culturales procedentes de zonas rurales del oriente cubano tuvieron mayor promoción en los medios de difusión de la capital. De esta forma lograron aceptación nacional. Entre estas expresiones estuvieron el son primigenio de El Guayabero y el órgano oriental. En la trascendencia del juglar fueron decisivos su estilo singular, la maestría en los recursos del humor criollo y la popularidad que alcanzaron sus composiciones, conquistas que lo convirtieron en la figura musical de Holguín más reconocida y amada por sus coterráneos, que le agradecen no haber abandonado jamás su terruño natal y, desde allí, lograr la proeza cultural de convertirse en un nombre insoslayable en la abultada constelación de prestigiosas figuras del arte sonoro más típico de Cuba.

Aunque antes de finalizar los míticos años sesenta del pasado siglo —período en que tantos cambios, avances y retrocesos transformaron al mundo—, la avalancha de música *beat*, *pop* y *rock*, así como las dulces baladas y canciones italianas, francesas, españolas y norteamericanas, con figuras como Julio Iglesias, Charles Aznavour, The Beatles, Rolling Stones o Rita Pavone, arrebataban a la inmensa mayoría de la juventud, El Guayabero y otros defensores de lo más autóctono eran recibidos en sus presentaciones por un público fiel y entusiasta.

Memorables fueron sus actuaciones en El Comedor de Guachinando, una instalación gastronómico-musical que tomó como estandarte uno de los sones más emblemáticos de Miguelito Cuní y que reunió un magnífico elenco artístico que giró por toda Cuba. Gilberto Noroña (Carioca) con sus aplaudidas parodias y excentricidades, El Guayabero con sus sones picantes y José Antonio Pinares con su Quinteto Camagüey, hacían las delicias de los que optaban por esta propuesta pletórica de cubanía durante las fiestas carnavalescas, en las que también se bailaba a ritmo de pilón, dengue, mozambique y el siempre vigente son.

En esa etapa otras figuras y agrupaciones holguineras, de disímiles formatos y estilos, también mostraban su valía en el ámbito nacional y hasta más allá. En las vertientes cosmopolitas en boga sobresalían la baladista Pilar Moráguez, los grupos Los Cankas y Los Century; la naciente nueva trova contaba con Ramiro Gutiérrez y Freddy Laborí (Chispa); el barítono Raúl Camayd y su compañía lírica ganaban aplausos en los más exigentes escenarios con sus zarzuelas, operetas y revistas de variedades, y no menos trascendentes eran los aportes de maestros como Juanito Márquez, Germán Piferrer, Manuel de Jesús Leyva (Koko) y de agrupaciones de música bailable como las *jazz band* Hermanos Avilés y Los Chicos de Cuba; entre los conjuntos se distinguían Los Diablos y Ases del Ritmo.

Ases del Ritmo logró contar, entre 1967-1969, con el piano, los arreglos y composiciones de una personalidad legendaria del son: Lilí Martínez. Por su parte Los Diablos, entre 1968-1969, sumaron la voz y el carisma de nuestro biografiado que, jocosamente, gustaba de presentar la agrupación como Los Enemigos de Dios. La misma era considerada una de las mejores de Oriente y había realizado actuaciones en los más importantes centros nocturnos de Cuba junto a Roberto Faz, Sensación y la Aragón.

Fundado por el guitarrista Jorge Rodríguez, entrañable amigo y compañero de varias etapas en el quehacer del famoso trovador sonero, Los Diablos había logrado una formidable sonoridad, empaste y repertorio. A ello contribuyeron músicos, compositores y arreglistas de la valía de Jorge Rivero (luego pianista de Rumbavana y creador de boleros como «Descarga corazón» y «Si en silencio me amas»), el trompetista Conrado Quevedo que, entre otros aportes, le puso a este instrumento sordinas como en la época de oro del *jazz*.

A este conjunto también le unían otros lazos afectivos de consideración: allí se desempeñaban como contrabajista y bongosero su hermano Pepín Oramas y su sobrino Carmito Oramas, respectivamente; además de cantar Ramón Arrieta, otrora integrante de Trovadores Holguineros y excelente sonero de hermosa y potente voz al estilo de Miguelito Cuní. Si había una buena agrupación para hacer un alto en el largo camino andado y trazar el del porvenir, esa era Los Diablos.

Al iniciarse los setenta, El Guayabero había abrazado para siempre el tres y dejado a un lado la guitarra, el otro instrumento que durante casi treinta años había ayudado a alimentar su espíritu y su estómago. Indiscutiblemente ese cordófono sintetiza las mejores cualidades del rítmico son montuno y la cultura rural de la que ya era uno de sus máximos exponentes. Acompañado del tres volvería por nuevos y viejos caminos, uno de ellos le llevaría, una y otra vez, a la querida ciudad de Bayamo. Allí, Salvadora Brizuela, una hermosa trigueñita como la que le inspiró su emblemática composición, se convirtió en una de las razones más poderosas en esa preferencia por la Cuna de la Nacionalidad, ciudad heroica que siempre le fue particularmente hospitalaria y generosa, en ella nacieron composiciones como «Las mujeres de Bayamo» y «Compositor confundido», una de sus réplicas con la que complació a algunos amigos, preocupados con la interpretación que se pudiera hacer del son «Como baila Rita la Caimana», creado e interpretado por Lorenzo Hierrezuelo y su dúo Los Compadres.

Por su poder de convocatoria, su raigal cubanía y su entrega plena al público, en estos años es constantemente solicitado para fiestas populares, actividades de organismos y diversos espectáculos desde varias ciudades y provincias del país. Las Tunas y Colón figuran junto a Sancti Spíritus, Ciego de Ávila y Nueva Gerona entre las más frecuentadas. En 1971, invitado por Pacho Alonso, actúa ante delegaciones que participan en el Primer Campeonato Mundial de Béisbol que se efectúa en La Habana. En 1972 centraliza *shows* en el Nocturno de su ciudad natal y en otros cabarets de la región oriental, hasta que en 1975 retorna a Holguín para iniciar una etapa más reposada y de mayor repercusión en la sensibilidad de sus coterráneos. Como certeramente escribiera la periodista Paquita de Armas en una conmovedora crónica publicada en la revista *La Jiribilla* a raíz de su muerte, hasta poco antes en su ciudad las opiniones se dividían: unos lo trataban de artista, para el otro bando su obra era vulgar y soez, sin ningún aporte cultural. 45

Por entonces se terminaba, frente al céntrico y amplio parque Calixto García, la adaptación de una antigua tienda en Casa de la Trova. Estaba por concluir un lustro muy controvertido en la historia de la cultura en tiempos de Revolución, denominado por algunos «quinquenio gris». No obstante, en esos años el movimiento de la trova vivía momentos de particular brillo, en primer lugar fue muy importante la fundación oficial del Movimiento de la Nueva Trova en Manzanillo. Ese hecho estimuló a cultores de diversos estilos a reagruparse y participar en programas de radio, peñas y otros proyectos que, con la apertura de la naciente institución, cobraron mayor fuerza e hicieron de ella uno de los focos irradiadores de la cultura en Holguín. El 25 de julio de ese año, él y Blanca Becerra, otra figura notable de la cultura nacional, fueron los principales protagonistas de su acto inaugural.

Al trovador-sonero la Dirección de Cultura lo entusiasmó sobremanera con la idea de que ese local dispondría de un área para la trova tradicional; otra, para la nueva trova, y una tercera que bautizaron con el nombre de El rincón de El Guayabero, en la cual sería su anfitrión permanente. Y así fue con especial sistematicidad y disciplina a lo largo de los cinco años posteriores con los que cerró la controversial década de 1970, período en el que se legitimó definitivamente su obra y devino centro de atracción en múltiples sitios y eventos culturales. Entre los más notorios, estuvieron el XI Festival Mundial de la Juventud y los Estudiantes, el Festival de la Toronja en la Isla de la Juventud y el de Arte Popular en Sancti Spíritus, así como las semanas de la cultura de Baracoa y otras ciudades del país. En todas partes la gente ríe con su ingenio y picardía, con sus contagiosos tumbaos y su peculiar estampa. En cada presentación da rienda suelta a sus historias y personajes con renovada energía, como si fuera la última vez. Durante los carnavales de 1979 en Palma Soriano, un periodista contaba que luego de una de esas intensas noches, se lo encontró durante el desayuno rodeado de los elencos de *Alegría de Sobremesa* y *San Nicolás del Peladero* descargando con la misma pasión de un adolescente enamorado. Al margen de sus peculiaridades era una rara avis: la inmensa mayoría de los veteranos se había retirado y la nueva trova iniciaba su plenitud, no obstante Silvio Rodríguez, Noel Nicola y, sobre todo, Virulo, Pedro Luis Ferrer, Pablo Milanés y Frank Delgado no solo le muestran respeto y admiración, sino que tienen su quehacer entre las referencias de lo trascendente. Algo similar expresan figuras y agrupaciones soneras como Revé, Estrellas de Chocolate e Ibrahím Ferrer con Los Bocucos, entre otros que realizan valiosos registros fonográficos de sus composiciones.

En 1976 Oriente se multiplicó en cinco nuevas provincias. Holguín fue, desde ese entonces, una de las más pujantes en la emulación por la sede del acto por el 26 de Julio. La víspera del gigantesco acto, la ciudad exhibió sus mejores galas y aplaudió a varios de los más queridos artistas cubanos: Esther Borja, Elena Burke, Omara Portuondo, Ramón Veloz, Carlos Puebla y, por supuesto, su entrañable juglar. Como dos años antes había sido homenajeado por sus sesenta años (su matemática era muy moderna y especial, pues sumaba y restaba a su conveniencia), un periodista volvió a preguntarle por el retiro, a lo que exclamó muy serio: «¡Cuando me borren de la libreta de consumo, me retiro; yo tengo que morir con mi tres frente al público! ¡Santa palabra!».

Un artista de leyenda

Al iniciarse la década de 1980 la música del complejo *beat-pop-rock* siguió teniendo aceptación universal, pero sin la aplastante hegemonía de la precedente. Los consorcios discográficos y la industria del entretenimiento yanqui abrieron aún más sus puertas al fenómeno salsa y la llamada *world music*, las cuales satisfacen a incontables consumidores de sus productos y les reportan abundantes ganancias. En la Isla se inicia, tras importantes éxitos en Argentina, España, México y otros países, la etapa de mayor reconocimiento a los gestores del movimiento de la Nueva Trova. Lo demostraron con creces las encuestas de popularidad de la revista *Opina*, la acogida a los discos de Silvio, Pablo, Amaury Pérez e incluso de la nueva hornada de creadores e intérpretes como Donato Poveda, Alberto Tosca, Anabel López, Carlos Varela, Santiago Feliú, Xiomara Laugart, Pepe Ordaz y otros que fueron laureados en el concurso Adolfo Guzmán, que devino plataforma de reconocimiento de otros excelentes trovadores, jóvenes o viejos, que desde sus provincias no habían logrado espacio en medios nacionales; entre ellos resaltan el cienfueguero Lázaro García y el holguinero Ramiro Gutiérrez.

En los predios de la música bailable cubana —aunque Van, Irakere, Algo Nuevo, de Juan Pablo Torres, y otras agrupaciones eran referencia obligada para muchos en el mundo—, no hay duda de que la influencia de la salsa y la polémica sobre su origen estimularon la fundación, promoción y reconocimiento de numerosas agrupaciones soneras de primera línea, dígase Son 14, Sierra Maestra, Karachi, Adalberto Álvarez y su Son, Manguaré, Cándido Fabré, Eliades Ochoa y Pancho Amat.

Don Pancho, Eliades y Fabré se convirtieron en figuras clave de la música cubana de los últimos lustros y defensores del legado sonero más genuino, e incluyen en un destacado lugar la impronta del juglar holguinero del que recibieron enseñanzas y con el que compartieron escenario en numerosas oportunidades, especialmente en los Festivales del Son Ignacio Piñeiro realizados en Santiago de Cuba, Guantánamo y Granma, las tres provincias orientales en las que nacieron y fecundaron las expresiones primigenias de este género. Fue precisamente Fabré, uno de los que comenzó a llamarle Rey del doble sentido.

Al calor del auge salsero, los festivales de son, otros eventos y numerosas instituciones culturales que iniciaron un encomiable trabajo por el rescate de las mejores tradiciones criollas, se creó un ambiente propicio para que algunos músicos veteranos volvieran a alcanzar los primeros planos de la palestra musical, confirmando —como demostró el líder del Septeto Nacional, Rafael Ortiz en su son «El final no llegará»— que «joven ha de ser quien lo quiera ser». Verdaderos hitos fueron las actuaciones de Barbarito Diez en Caracas y sus discos de impecable factura como el que grabó con la Rondalla Venezolana; la reaparición en la escena de Celeste Mendoza; la grabación de la serie discográfica *Años*, donde Pablo Milanés reunió grandes trovadores soneros, entre ellos Luis Peña (El Albino) y Octavio Sánchez (Cotán), quienes en los años treinta y cuarenta habían impulsado, junto a El Guayabero, esa importante etapa de ruptura y continuidad de la historia de la música cubana en la región nororiental. Es en esos albores de los ochenta, década en que una aureola de leyenda comienza a proteger su figura, cuando el singular bardo decide reorganizar el grupo que lo acompañaría por el resto de su prolongada carrera artística.

En el ámbito internacional, varios cultivadores de la música bailable de Cuba y el Caribe en general —llámese son, *boogaloo*, tropical o salsa—, según fueron conociendo su obra, también la fueron recreando a su aire, sobre todo a partir de las versiones que intérpretes y agrupaciones como Pacho Alonso, Ibrahím Ferrer, Ramón Avilés y la Sensación hicieron de sus composiciones. Así fue como la orquesta de Tito Puente, Héctor Lavoe y otros connotados salseros se sumaron a la lista de sus intérpretes. Antes de fallecer, en 1982, el impulsor de variantes soneras como el *pilón*, el *simalé* y el *upa-upa* grabó un disco de larga duración en su homenaje con orquestaciones más cercanas a la salsa, las que fueron concebidas por el maestro holguinero Germán Piferrer y el heredero musical de Pacho, luego fundador de una de nuestras más importantes agrupaciones de hoy, Pachito Alonso y sus Kini.

«En Guayabero», el clásico son que dio nombre al nuevo larga duración y que a diferencia de la grabación realizada quince años atrás sobrepasaba los diez minutos, alcanzó amplia difusión nacional e internacional y estimuló su incorporación al repertorio de Lavoe y otros. Pero si importante fue ese disco, no menos trascendente fue la grabación del primer fonograma al artista en los estudios Siboney de Santiago de Cuba. En 1980 la Empresa de Grabaciones y Ediciones Musicales (Egrem) inauguró esa nueva dependencia para satisfacer disímiles solicitudes del talento musical de las provincias orientales. De Holguín la Orquesta Avilés, que por entonces arribaba a su centenario, el Órgano de los Hermanos Ajo, el barítono Raúl Camayd y nuestro biografiado estuvieron entre los primeros en engrosar su catálogo.

Aunque algún funcionario prejuiciado ponía reparos y se preguntaba si una obra como la suya debía registrarse en discos, en 1982, acompañado por su grupo, realiza las sesiones de grabación de su debut discográfico. El LP al salir al mercado se agotó en pocas semanas y fue laureado con el Premio Egrem´83 en la categoría Música Tradicional, en la que estaban nominados discos de Ñico Saquito, Los Compadres y otras figuras y agrupaciones.

En 1985 y 1989 retornaría nuevamente a esos estudios para concluir una trilogía discográfica que contribuyó a cimentar su prestigio de artista legendario y único, de portador y baluarte de tradiciones ancestrales, pletóricas de cubanía y de contagioso humor, entre otras cualidades que lo convirtieron en icono y paradigma asediado por legiones de admiradores, periodistas, caricaturiastas, músicos y estudiosos del folklore y la música tradicional, como el rockero español Santiago Auserón y la etnóloga inglesa Lucy Durán, entre otros muchos, que iban desde lugares distantes como Madrid y Londres a Holguín tras las huellas del juglar.

En la Ciudad de los Parques ya era un símbolo de sus conquistas culturales y de su afán de convertirse en Provincia del Universo. En 1981, año en que, por su inscripción en el Registro Civil, cumplió sus setenta años se inauguró el cabaret El Rincón de El Guayabero, ubicado en las céntricas calles de Miró esquina a Martí. En los altos, las autoridades políticas y gubernamentales les habían asignado a él y a Moraima, su última compañera en la vida, un apartamento con el que puso fin a su larga residencia en hoteles, pero no del todo a su vida itinerante y bohemia. Ya no empinará el codo como antaño, salvo en contadas ocasiones, sobre todo cuando tenía visitantes ilustres y hacía presencia la «lechita» que preparaba con el dulce alimento y algún ingrediente etílico. Sin duda se había convertido en el más celoso guardián de la abstinencia y la disciplina de grupo musical alguno.

Fueron también los ochenta sus años de más intensa actividad artística. En ese período el Ministerio de Cultura estaba empeñado en declarar cada municipio y provincia Módulo Cultural; por lo que se asignaron cuantiosos recursos para inaugurar numerosas casas de cultura, museos y galerías, que acogían diariamente a lo largo de la Isla cientos de actividades. De Baracoa a Ciudad Sandino, El Guayabero se presentó en muchas de esas instituciones, siempre recibiendo aplausos, guiños cómplices, caricaturas y poemas.

En su apretada agenda de trabajo se unían semanas de cultura de San Luis en Santiago de Cuba, o en Pinar del Río, con los carnavales de Cárdenas, la Jornada Cucalambeana de Las Tunas o el San Juan camagüeyano; sin olvidar la Bienal del Humor de San Antonio de los Baños, la Feria de Arte Popular, los festivales de la Toronja, la santiaguera Fiesta del Caribe o maniobras y ejercicios de las Fuerzas Armadas Revolucionarias (FAR).

De la misma manera, personalidades extranjeras y autoridades políticas y gubernamentales de diversos territorios, le rodeaban de halagos y afecto. Lupiáñez le dedicó su son «Trovador guitarra en mano vas», el que resultó un suceso musical por Cándido Fabré y la Original de Manzanillo.

Pocas personalidades de nuestra música acumulan una lista tan numerosa de composiciones homenajes o que resaltan peculiaridades de su personalidad: «Orden del día», por Frank Delgado; «El burro de Mayabe», por Pedro Luis Ferrer; «Cundiamor», por Noel Nicola; «Blues por Marieta», de Ernán López Nussa; «Mucho cuidao», por David Álvarez; «Apretaíto pero relajao», por el grupo Sampling son algunas de ellas.

En Holguín, cada 4 de junio se instauró la tradición de festejar su cumpleaños con galas, espectáculos y tandas bailables, en las que participaban populares figuras y orquestas del país y el territorio. Muchas de ellas incorporaron a su repertorio creaciones suyas o en su homenaje, iniciativa que también adoptaron artistas plásticos, audiovisuales e incluso fabricantes de rones y otros productos. El cineasta Octavio Cortázar estrenó en 1986 el documental *En Guayabero mamá, me quieren dar...*, el cual explora su aporte sustancial a la cultura del pueblo, sus peculiaridades artísticas y humanas, entre las que resalta su permanente entrega al trabajo, virtud que no disminuía con el paso de los años.

En el Parque Peralta de Holguín, 1978

51

El Guayabero y Pablo Milanés, 1988

En su apartamento recibe a Santiago Auserón (Juan Perro). 1989

El guayabero en el Festival Pepe Sánchez, 1990

DE LOS ESCENARIOS DEL MUNDO A HOLGUÍN

Al igual que su debut discográfico, la incursión del Guayabero por los escenarios internacionales comenzó tardíamente. En medio de las celebraciones habaneras por su cumpleaños ochenta, la presidenta del Festival Cervantino que se realiza cada año en Guanajuato y otras ciudades de México, le cursó una invitación para que representara a Cuba en ese prestigioso evento cultural, considerado el más importante de esa hermana nación.

Así fue como el 18 de octubre de 1991 llegó junto a su grupo al Distrito Federal, formando parte el vuelo 464 de Cubana de Aviación. Le impresionaron mucho la altura de esa capital, sus bellos edificios y plazas que albergan más de veinte millones de habitantes, pero especialmente los elogios y los aplausos que le acompañaron por doquier.

La primera actuación se produjo en el hermoso y acogedor Teatro de Doblado, en la ciudad de León, repleto de un público entusiasta. Lo mismo sucedió en Guanajuato, sede principal del Festival y desde donde sus actuaciones se proyectaron internacionalmente a través de la radio y la televisión a millones de personas del mundo. En ese escenario alternaron con relevantes figuras y agrupaciones, entre ellas el grupo mexicano Los Leones de la Sierra Xichu, cultores del huapango, así como la figura suprema del folklore colombiano, la conocida Totó La Momposina. Con ella entablaron hermosos lazos de hermandad e incluso los invitó a visitar su país, admirador eterno de la música cubana y donde también se cultiva el doble sentido y la música con humor, modalidades de rica tradición en toda la cuenca del Caribe. En Colombia su más conocido cultor fue José María Peñaranda (1907-1999), autor de «El bigote», «La secretaria», «Se va el caimán» y otras populares composiciones que le dieron gran prestigio internacional a este artista, que fue contemporáneo del jerarca del choteo criollo y con quien se pueden establecer muchas similitudes si nos acercamos a valorar su quehacer.

53

También en ese viaje a tierra azteca fue memorable la estancia en su capital, una de las más superpobladas del mundo y que brinda cotidianamente incontables ofrecimientos culturales, no obstante, también allí un público multitudinario se congregó el 24 de octubre en la Alameda Central, una de las principales y más bellas plazas del país. Otra actuación con menos espectadores, días después, pero igualmente llena de calor y entusiasmo se produjo en el auditorio Alejo Peralta. Para ella se confeccionó un programa que fue ilustrado en la portada con la obra *Hombre radiante de alegría*, del pintor Rufino Tamayo. Posteriormente se presentaron en las ciudades de Cruz Azul y Tlaxcala.

En los días del XIX Festival Cervantino, Faustino y sus músicos confraternizaron con músicos cubanos como Pachito Alonso y Alejandro García (Virulo). El destacado humorista tuvo deferencias con él y su grupo, entre ellas la presentación en el acogedor centro nocturno El Hijo del Cuervo, en Ciudad de México. Allí fueron contratados y actuaron junto al periodista y sonero Luis Ángel Silva Navas, más conocido por Melón.

Melón desde los años cuarenta comenzó a cantar la música cubana, trabajó al lado de músicos de la talla de Juan Bruno Tarraza, Silvestre Méndez, Miguelito Valdés y la actriz y cantante Ninón Sevilla. En 1958 junto a Carlos Daniel Navarro (Lobo) fundó el conjunto Lobo y Melón, que alcanzó prestigio internacional a través de grabaciones para la RCA Víctor y en las presentaciones al lado de la Sonora Matancera, Celia Cruz, Tito Puente, Johnny Pacheco, Tito Rodríguez, Rubén Blades, Cheo Feliciano, Ismael Rivera y Héctor Lavoe, con varios de los cuales tuvo controversias soneras, en las que reafirmó su valía de brillante intérprete y compositor. No obstante, Melón ha expresado en más de una oportunidad que cantar con El Guayabero ha sido la experiencia más difícil de su vida.

Al aterrizar el avión que lo trajo a tierra cubana el 4 de noviembre, El Guayabero expresó a la prensa lo feliz que regresaba de su primera gira internacional y su deseo de trasladarse inmediatamente a su querida ciudad. Sin embargo, ese anhelo no se concretó hasta diez días después, pues el Instituto Cubano de la Música, como parte de los múltiples agasajos por sus ochenta años, le había organizado dos conciertos-homenaje en el teatro Karl Marx, en los que tuvo invitados como las orquestas Revé y Aragón.

Al regresar a Holguín, la Central de Trabajadores de Cuba (CTC) le impuso la medalla Lázaro Peña. En sus trajes ya exhibía otras muchas, entre las más importantes resaltaban dos otorgadas por el Consejo de Estado: la Distinción por la Cultura Nacional (1988) y la Félix Varela de Primer Grado, colocada en su pecho el 4 de junio de ese año en la Plaza de la Revolución Calixto García por el ministro de Cultura Armando Hart, en una solemne ceremonia a la que asistieron las máximas autoridades de la provincia y personalidades de la cultura cubana y de otros países.

Entre estas últimas se encontraba, emocionado, el español Santiago Auserón, fundador y líder de Radio Futura, una de las agrupaciones más sobresalientes en toda la historia del rock ibérico. Este cantante y compositor devino uno de los más importantes promotores de su obra y precursor del *boom* que, años después, tendría en su país la música tradicional cubana, en el que, sin duda, el holguinero se convirtió en un artista de culto como demuestra el gran homenaje recibido en 1994 en Sevilla, el museo Santa Palabra inaugurado en 2005 en Calasparra, Murcia, así como la acogida de sus discos y giras.

Al igual que los rockeros anglosajones buscaron en el *reggae* caribeño un nuevo ingrediente para su propuesta estética, Auserón se propuso experimentar con los ritmos cubanos y para ello vino a la Isla en varias oportunidades. Durante su primer viaje, en 1984, compró el disco de *El Guayabero*, que acababa de recibir el premio Egrem, y quedó impresionado, tanto que al presentar en febrero de 1992 la antología *Semilla de son*, lo invitó junto a algunos de sus músicos, y allá causaron una gran sensación con esa gracia en el decir y sus ancestrales y sabrosos tumbaos.

Ese disco, producido por Auserón para los sellos BMG-RCA con grabaciones de Benny Moré, el Trío Matamoros, Celia Cruz, Septeto Nacional y otros solistas y agrupaciones de leyenda que atesora la Egrem, incluyó «Como baila Marieta», pieza que le granjeó al holguinero una extraordinaria popularidad entre los españoles que aún vivían los efectos del culto a la sexualidad, el «destape», la llamada movida madrileña, el despegue de la obra del cineasta Pedro Almódovar y credos estéticos inusuales e irreverentes con la tradicional y obsoleta mojigatería hispana, recrudecida durante el largo período franquista.

Durante ese viaje los músicos cubanos conocieron la nieve. El Guayabero se forró de abrigos y le pedía a Auserón arrimar su furgoneta hasta las mismísimas puertas del lujoso hotel Balboa. No obstante, mostró un rostro radiante en las conferencias de prensa, en las actuaciones realizadas en la emisora Radio Futura y en el fabuloso concierto que ofreció el 21 de febrero en el centro nocturno El Sol, tras la presentación del referido álbum doble. Al día siguiente casi todos los medios de difusión de Madrid se hicieron eco del mismo. El rotativo *El Periódico*, por ejemplo, resaltaba la lucidez mental y la originalidad del que ya muchos llamaban «El último juglar de la tradición cubana».

Realmente era asombroso que un artista tan longevo conservara el ímpetu juvenil y se entregara en interminables improvisaciones como él lo hacía, aun en medio de los achaques de salud propios de su edad. Al regresar continuó su intenso programa de actividades en eventos y escenarios como el teatro Karl Marx, el cabaret Tropicana, la emisora Radio Progreso, el Festival de la Cultura Caribeña, así como dando calor a los importantes eventos que confirmaban a su provincia como una de las plazas culturales más sólidas del país.

En Mayarí, singular enclave de caminos y de mezclas de géneros musicales donde otrora recalaron Sindo Garay, Rosendo Ruiz Suárez y Compay Segundo, entre otros grandes de la trova y el son, él fue fundador y participante activo del Encuentro Nacional de Agrupaciones Soneras. Allí intercambió con los más reconocidos veteranos del género y también pulsó el latir de una pléyade de nuevos artífices del son, entre ellos el tresero Cotó, el grupo Jóvenes Clásicos del Son y el cantante Pedro Lugo, más conocido por El Nene, quien le ofreció uno de los más grandes tributos discográficos al grabar, en el año 2000, un disco compacto íntegramente dedicado a su obra.

Región insoslayable en la ruta del encuentro entre la cultura europea y la del Nuevo Mundo, potencial privilegiado del caudal artístico joven de Cuba, Holguín, sus instituciones culturales, autoridades políticas y gubernamentales emprendían la organización de dos de sus más trascendentes eventos culturales de las últimas décadas: la Fiesta de la Cultura Iberoamericana y las Romerías de Mayo, de las que El Guayabero devino, por derecho propio, foco de atracción y anfitrión por excelencia en muchas de sus jornadas, en las cuales alternó con importantes folkloristas, trovadores y compañías artísticas.

En la Casa de la Trova, rebautizada con su nombre en 2002, en parques y plazas iban a su encuentro Frank Delgado, los dúos Postrova y Buena Fe, Fernando Bécquer, Tony Ávila, el Trío Enserie y músicos procedentes de diversos países como el folklorista español Tomatito.

A inicios de 1994 a El Guayabero se le presentaron serios problemas de salud que llevaron a la decisión de amputarle la pierna derecha y a pedirle que realizara un período de descanso como exigían las circunstancias. La excelencia del equipo médico que lo atendió y el proverbial optimismo del músico le trajeron una pronta recuperación, y aunque muchos en el hospital habanero del Cimex y en otros lugares le sugirieron se retirara de los escenarios, se negó rotundamente. Tras la implantación de la prótesis, realizada el 15 de julio, partía días después rumbo a Sevilla, Andalucía, al Primer Encuentro del Son y el Flamenco, evento que le tributó uno de los más impresionantes homenajes en su vida.

Organizado por la Fundación Luis Cernuda, ese evento patentizó, una vez más, los múltiples vasos comunicantes entre la música cubana y la de la otrora Madre Patria, alimentada durante siglos con las denominadas «canciones de ida y vuelta» —entre otras vías—, en las que brilla la guaracha, la gracia y la picardía de ambos pueblos que, a su vez, se nutrieron particularmente de la herencia negra procedente de África.

La presencia del juglar y sus problemas de salud generaron no pocas expectativas en las tierras regadas por el río Guadalquivir y en toda España, donde era ampliamente conocido y admirado. La campaña de publicidad del encuentro tuvo su figura como centro, lo mismo en camisetas, credenciales y afiches que inundaban la bella capital andaluza y otras poblaciones de la región en las que se presentó, como fueron Lebrija, Utrera, El Coronil y Mairena del Aljarafe. La radio, la televisión y la prensa plana reseñaron con énfasis sus actividades.

Acompañado de sus músicos y de su sobrina, la destacada guarachera Irma Oramas, el juglar alternó, descargó e incluso adiestró en el manejo del tres a cultores del flamenco como Raúl Rodríguez —hijo de la cantante Martirio—, quien fundó el grupo Son de la

Frontera, con el que ha venido realizando un excelente trabajo de fusión con la música de España, Cuba y otros países.

Algo similar comenzó a realizar, desde el año precedente, Santiago Auserón, quien con el nuevo nombre artístico de Juan Perro y con el respaldo de músicos de la trascendencia de Pancho Amat, ha grabado varios discos en los cuales siempre reconoce el aporte de El Guayabero en sus nuevos derroteros musicales.

De Sevilla '94 el músico itinerante siempre guardó gratos recuerdos, como fue la visita a la tumba de Antonio Machín, embajador permanente de la música cubana en España e intérprete de «El Tumbaíto», su primera composición en traspasar océanos y que en 1995 fue nuevamente reeditada en formato CD en antologías del cantor cubano oriundo de Sagua la Grande. Muy emotivo también fue reencontrarse con viejos amigos y colegas como Omara Portuondo, el Septeto Espirituano, el conjunto Los Naranjos y el siempre vital Compay Segundo, quien a partir de ahí y sobre todo tras el éxito del Buenavista Social Club, se convirtió en un ídolo internacional.

En este segundo lustro de los años noventa, cuando comenzaron a menguar en la Isla las privaciones del llamado Período Especial, en cada uno de sus regresos a su terruño buscaba, y encontraba con alegría, nuevas conquistas, nuevas construcciones que mostraban la recuperación y el avance de una ciudad, una provincia, una porción geográfica y humana. Así, descender de un avión y encontrar un majestuoso aeropuerto para atender a los miles de clientes del tercer polo turístico del país.

Ese 1996 también le llegaron noticias de un suceso que, muy pronto, alcanzó connotación universal: la grabación del disco *Buenavista Social Club*, el cual originó un grupo de igual nombre en el que notables figuras de la trova y el son, la mayoría alejada de los escenarios o escasamente promovida entonces, parecía tomar el cielo por asalto para gloria del patrimonio sonoro de la Isla. Con la obtención del Premio Grammy y la nominación al Oscar del filme del alemán Wins Wenders, el revival o *boom* de la música tradicional proyectó a los más apartados rincones del orbe el quehacer de una pléyade de veteranos artistas, entre los cuales se destacó El Guayabero, sin duda, precursor de ese singular y polémico fenómeno.

Aunque El Rey del doble sentido no integró el Buenavista, el mismo año en que se grabó el disco homónimo para el sello inglés

World Circuit, su música se comenzó a comercializar en Cuba en formato de CD. Con grabaciones realizadas en la década anterior en Santiago de Cuba, el sello Egrem puso en el mercado el disco compacto *Faustino Oramas, El Guayabero,* donde se recogen once de sus composiciones y las inmejorables palabras del narrador cubano Leonardo Padura, quien, entre otras virtudes del músico, resalta que:

(...) en sus letras refleja, como pocos lo han hecho, el modo de ser del cubano, su picardía congénita y su humor corrosivo y vital [...] Faustino Oramas es por ello, tal vez, el último representante de aquella generación de soneros que vivieron para la música y supieron transmitir a su obra la idiosincrasia del cubano, que siempre se reconoce en las canciones de este juglar oriental.

Algunos músicos jóvenes lo llamaron, con cierta dosis de ironía, «Revolución geriátrica» y epítetos similares, también se habló de manipulación política, de campaña de descrédito a los aportes sonoros de los últimos años, de robo del tesoro discográfico nacional, entre otros argumentos razonables o no. Mas, la realidad rotunda es que el Buenavista, al margen de los ingresos económicos que reportó a los consorcios extranjeros que lucraron con nuestros valores y otros elementos negativos, prestigió toda la cultura cubana, abrió numerosos mercados, revitalizó y reconoció más allá de nuestras fronteras a creadores e intérpretes escasamente difundidos y valorados, por una razón u otra.

Uno de los más beneficiados fue, indiscutiblemente, El Guayabero. Aunque a diferencia de otros como Compay Segundo o Ibrahím Ferrer, quienes durante años se dedicaron a diferentes oficios, él tuvo el privilegio de mantenerse en activo en la música, que era su vida, y recibir frecuentemente el agasajo de incontables instituciones y de parte del gran público. La otra parte del respetable, menor por suerte, pero en la que no faltan personas e instituciones influyentes como emisoras de radio o televisión, durante décadas han estado plegados a los vaivenes de la moda y estrechos criterios de promoción de la rica diversidad de géneros y estilos que al menos las nuevas generaciones deben de conocer.

Por eso a este y otros artistas —sobre todo si son «del interior» y huelen a campo y cosas del pasado— se les regateó, en alguna medida, el reconocimiento y la difusión que su obra amerita, otro caso elocuente fue el de Polo Montañez, quien hasta no triunfar plenamente en el exterior gracias a la disquera francesa Lusáfrica, no pudo ostentar el estatus de «talento nacional», «triunfador» y ocupar un lugar en los medios que hacía años merecía.

De la trascendencia de su obra y su figura en los años finales del siglo XX, resalta la acogida que en el Buenavista y en el filme de Wenders tuvo su son «Ay, candela», en voz de su entrañable Ibrahím Ferrer. Posteriormente en la extensa saga discográfica que perdura hasta hoy, aunque ya sin el impacto del período 1996-2002, es significativa la inclusión de sus composiciones en los discos de Ibrahím, Eliades Ochoa y de disímiles figuras cubanas y extranjeras, así como en selecciones y antologías discográficas que se han comercializado en todos los continentes.

Entre esos CD de mayor acogida está el titulado *Buenos hermanos*, de Ibrahím Ferrer, laureado con el Premio Grammy 2003, Disco de Oro y otros reconocimientos. En el mismo se incluye su son Oye el consejo; por su parte el Buenavista Social Club presenta a Ibrahím Ferrer (1998), Premio Grammy Latino al Artista Revelación, recrea el antológico Marieta. En el disco *Tributo al Cuarteto Patria* (1999), nominado al Grammy y ganador de Disco de Oro por sus altas ventas en varios países, Eliades incluye «Por culpa de las mujeres» y «Mañana me voy» (Me voy pa´Sibanicú).

El sello Egrem, además de comercializar sus grabaciones en disco compacto, casetes y por Internet, ha incluido sus composiciones en más de treinta antologías y selecciones, en su propia voz o en la de otros intérpretes. Lo mismo ha sucedido con sellos extranjeros como Auspic, de Francia, y los españoles Nubenegra, Gran Vía o Eurotropical. Este último contrató en 1997 al juglar holguinero durante su presentación en el Encuentro Nacional de Septetos Ignacio Piñeiro, le realizó el disco *El tren de la vida* y lo incluyó como figura líder del espectáculo *Cuba es Música*, el cual se presentó con éxito en varios países de Europa.

Junto a Manolito Simonet y su Trabuco, el veterano Laíto Sureda, cantante en los años cincuenta de la mítica Sonora Matancera, sus queridos amigos del conjunto Los Naranjos, el Septeto Espirituano y la juvenil Mayelín Naranjo, el espectáculo hizo su primera presentación el 18 de septiembre de 1998 en una playa de Tenerife, Islas Canarias, sede de la casa disquera Eurotropical. En ese bello paraje comenzaba esa noche el Festival Son Latinos '98, en el que se insertaron los artistas cubanos, largamente aplaudidos por más de cien mil personas que colmaban el lugar, donde también actuaron figuras como Jerry Rivera y Fito Páez.

Durante varios días se presentaron en diversos escenarios de esas islas y posteriormente lo hicieron triunfalmente en el Palacio de Deportes de Madrid, ocasión en la cual se sumaron a la delegación el dúo Gema y Pável y el cantautor Livam. La prensa canaria y de toda España reseñó sus actuaciones con llamativos titulares y amplias entrevistas al octogenario músico y sus acompañantes. Posteriormente se trasladaron a la capital gala con igual acogida, aunque no faltaron lamentables contratiempos como la muerte de un integrante de Los Naranjos y serios problemas de salud presentados por Laíto, quien regresó a La Habana y falleció meses después, el 7 de septiembre de 1999, vencido por una dolencia irreversible. 61

Laíto fue otra voz emblemática de la música cubana que, casi olvidado, se retiró en los años ochenta. En 1994, mientras El Guayabero y Compay Segundo triunfaban en España, él lo hacía en Colombia con el Conjunto Caney y reverdeció laureles hasta esa gira europea en la que grabó el disco *Ahora comienzo a vivir*.

Tras el regreso de Laíto y demás integrantes de *Cuba es Música*, El Guayabero viajó con algunos de sus músicos a un importante festival folklórico que se realizaba en La Haya, Holanda, donde se reencontró con Omara, la diva del Buenavista, que elevaba la temperatura en esa fría urbe con su garganta privilegiada y su gracia cubanísima. Días después el juglar retornó a Canarias para grabar *El tren de la vida*, título tomado de su son más filosófico, «Mi son retozón», en el que reflexiona sobre la vida y la implacable guadaña de la parca que por esos tiempos arremetía, sin piedad, contra sus colegas. En los escenarios de gloria de la música tradicional, se iba quedando cada vez más solo, o lo que es lo mismo, se acercaba al paradero en el que iniciaría el viaje que no tiene regreso.

Despedida de un siglo

Finalizando el siglo XX, Holguín exhibía notables conquistas que la mostraban como una ciudad próspera y culta. En los predios de la música, al lado de El Guayabero, el Teatro Lírico Rodrigo Prats, la Orquesta Avilés, el Órgano Hermanos Ajo y La Tumba Francesa de Sagua de Tánamo, comenzaban a gestarse nuevos proyectos como la Orquesta Sinfónica y la de Guitarras.

La contribución de la región al ámbito musical cubano se hacía palpable en los más disímiles géneros, estilos y formatos presentes en Jojazz, Cubadisco, Los días de la música, Cuerda Viva y otros eventos. Espectáculos, giras, programas de radio y televisión en los que intérpretes e instrumentistas como Yaroldi Abreu, Lidis Lamorú, Gardy, Jacquelín Vell, el Dúo Angelissa, Ramoncito Valle, Yuri Hernández, Liudmila Pérez, Dayamí Revé, el Cuarteto Alma, Alejando Vargas, Camilo Ernesto Vega, el dúo Vértice o el Septeto Zenda, muestran un excelente potencial que enorgullecía al juglar, quien compartía jubiloso la escena con algunos de ellos. A su grupo también le inyectó la sangre y el entusiasmo de músicos jóvenes y veía con interés el quehacer de las nuevas hornadas de trovadores y soneros de todo el país, varios de los cuales seguían entusiasmados su estilo, le prodigaban elogios y recreaban sus composiciones, como sucedió con doce de ellas grabadas en uno de los primeros discos de Pedro Lugo, El Nene.

Los dos últimos años del milenio fueron de intensa labor, casi siempre rodeado de jóvenes en las actividades por el 4 de abril, las Romerías de Mayo y durante el Cubadisco´99, evento en el que compartió el gigantesco escenario del Karl Marx con Liuba María Hevia, Rosario Flores y otras figuras y agrupaciones que saludaron el centenario de la Sociedad General de Autores y Editores de España (SGAE), de la cual era miembro hacía algunos años.

Con frecuencia la prensa nacional reseñaba su inclusión en esta o aquella selección discográfica, sus viajes a La Habana, Santiago de Cuba o Mayarí para participar en el Festival de la Trova Pepe Sánchez, el Encuentro de Agrupaciones Soneras, la Gala por los sesenta años del teatro Eddy Suñol o cada uno de sus cumpleaños que congregaban cientos de holguineros en los bajos del edificio donde residía, en la calle Coliseo entre Narciso López y Morales Lemus, en donde se cantaba, bailaba y se le deseaba eterna vida al músico, convertido ya —como la Loma de la Cruz o La Periquera— en uno de los símbolos de la Ciudad de los Parques.

En sus días libres prefería jugar dominó o disfrutar de la televisión, especialmente de las transmisiones de los juegos de pelota y *Palmas y Cañas*, uno de sus programas favoritos, sobre todo si cantaban El Jilguero de Cienfuegos, El boxeador que canta, como solía referirse a Ramón Avilés, amigo entrañable y uno de sus más completos y fieles intérpretes, o doña Celina González, a la que siempre ubicaba junto a Benny Moré en el escalón supremo de la galería de sus preferidos. La Reina de Nuestros Campos siempre reciprocaba sus gestos de cariño cuando trabajaban en Tunas, Bayamo, Ciego de Ávila u otra ciudad en la que coincidían durante las Jornadas Cucalambeanas, Festivales del Son y otros eventos. En más de una oportunidad, ella en las entrevistas que concedía resaltaba, muy contenta, la acogida a las grabaciones del juglar en tierras colombianas.

El 28 de junio, se realizó la primera edición digital del periódico ¡ahora! para Internet, nuevo medio que sigue promoviendo en todo el mundo el legado de El Último Juglar de la tradición cubana.

Entre nuevas conquistas y realizaciones del músico y su pueblo, se iba un año y un decenio particularmente difícil para los cubanos y que él con su música y su alegría de vivir le hizo más pasajero a muchos. Así fue, una vez más, aquel 30 de diciembre en que en el embellecido parque Julio Grave de Peralta, donde se develó su recuperada glorieta, participó en las actividades con las que también se despedía un siglo y un milenio en una ciudad siempre empeñada en conquistar el futuro.

63

El Guayabero en Sevilla, España. Encuentro Son y Flamenco, 1994

Los últimos años del juglar

Pródigo en homenajes y muestras de cariño fue para El Guayabero el primer año del nuevo siglo. Sus nueve décadas de vida
fueron motivo de orgullo para los cubanos y especialmente para
los holguineros que le dedicaron la XIX Semana de la Cultura, el
Encuentro de Agrupaciones Soneras y el Festival Música con Humor,
fundado en ese onomástico con el afán de perpetuar su legado y el
de otros creadores musicales nacidos en ese ámbito nororiental que
realizaron significativos aportes en esta modalidad.

Cuna de creadores e intérpretes de la guaracha como Manuel
Licea (Puntillita), Guillermo Rodríguez Fiffe, Ángel Alberto Caissés, Juanito Márquez, José Antonio Rodríguez (Maceo) y Roberto   65
Urbino, en esta parte de Cuba, con la saga del Buenavista Social
Club y la fundación de este evento, se le insufló nueva vida a la
tradición que distingue a la guaracha, pero que también permea
al son, el Chachachá y otros géneros que desde su irrupción han
expresado la gracia y la picardía inherente al cubano, cualidades
que la obra del nonagenario artista refleja con particular acierto y
lo convierten en uno de sus paradigmas.

El festival, además de premiar chispeantes composiciones de
veteranos y jóvenes creadores como Irma Oramas o Camilo de la
Peña, estimuló a los treseros y acogió presentaciones de reconocidos
artistas y agrupaciones muy populares: Eliades Ochoa, la familia
Valera-Miranda, la Original de Manzanillo, Los Naranjos, Cándido
Fabré, Pancho Amat y Tiburón Morales, entre otros que convirtieron ese y otros cumpleaños en fiestas de pueblo que le llenaban de
satisfacción. En esos días tan señalados exhibía sus mejores galas,
y en su pechera, decenas de medallas.

A los agasajos por sus noventa años se sumaron diversas instituciones, eventos y provincias. Entre ellos el XII Festival Internacional
Benny Moré en Cienfuegos; la Uneac, que le entregó la condición
de Artista de Mérito; el Centro Nacional del Humor, que lo galar-

donó con su Premio, y la feria Cubadisco cuya edición de 2001 se le dedicó a él, a los 110 años del nacimiento de Oscar Hernández, al 145 aniversario de Pepe Sánchez y a los aportes de la trova en general a la música cubana. Grabaciones discográficas suyas o sones de su autoría en otras voces continuaban recorriendo el mundo y ubicándose entre los preferidos en la revista Billboard, los Premios Grammy y listas de éxitos de países como España y Estados Unidos

Si estos éxitos en el ámbito internacional le reportaban alegrías y abundante entrada de dinero, que compartía con sus familiares e incluso con sus músicos y colaboradores, también le regocijaban los numerosos premios y reconocimientos de sus colegas y amigos, entre ellos Polo Montañez, El Guajiro Natural, que devino el artista cubano de 2002 con una gira que estremeció la Isla y que durante su actuación en Holguín, muy cerca de su nueva residencia en el reparto Peralta, congregó a más de cien mil espectadores.

A través de la pequeña pantalla disfrutó de la actuación de Compay Segundo en la inauguración del hotel Playa Pesquero, el más

grande de Cuba, que fue la última en esta región del Oriente cubano a la que cantó su célebre Chan Chan, «Pasaje a Holguín», «El calderito de tostar café» y otras de sus composiciones. El sonriente, bohemio y siempre enamorado trovador santiaguero subió al tren sin regreso seis meses después, en el caluroso verano. En diciembre lo hizo Rubén González, otro de los fundadores del Buenavista.

Con casi cien años a sus espaldas si algo había que tirar a relajo era la pelona, como decía jaranero, mientras disfrutaba cantando en la Casa de la Trova —desde el 29 de junio de 2002 adoptó su nombre artístico— las décimas de «Mi son retozón» que, luego del disco con Eurotropical-Manzana, adoptó el nuevo y más preciso título de El tren de la vida. Los realizadores audiovisuales de la ciudad, que gestaban los estudios ANIMA para producir obras de ese corte con técnicas de animación, hicieron con él un excelente video clip en la misma cuerda con que el cineasta Juan Padrón registró en imágenes el Píntate los labios María, de Ramón Castro, en la voz de Eliades Ochoa.

Mas, la noche del estreno, se produjo otro zarpazo de la parca en la persona del maestro Manuel de Jesús Leyva, una de las figuras más versátiles y talentosas en la historia de la música en Holguín. Compositor, arreglista, trompetista de resplandeciente vuelo artístico, director de la Orquesta Avilés y de la Banda Provincial de Concierto, Koko —como le llamaban todos por el ritmo de su creación popularizado en los años setenta— se incorporó a su grupo con su permanente sonrisa y humildad, engrandeciendo el repertorio, la sonoridad, los lazos de hermandad y los deseos de superación de los jóvenes músicos que para entonces, salvo los cantantes Santana Oramas y Sergio Leyva, respaldaban al juglar.

Toda la noche y la mañana siguiente permaneció, más solemne y recogido que nunca, al lado del féretro del colega y no dejó de ser partícipe de la despedida musical que le tributó la ciudad. Aún no se había recuperado del estupor y la angustia, cuando escasos tres meses después, en víspera de su último viaje transoceánico, llegó la noticia del deceso de Ibrahím Ferrer. Lo quería como el hijo varón que nunca tuvo, quien había demostrado a todos, a lo largo de casi medio siglo, que ese afecto era recíproco.

Con voz temblorosa pidió a su sobrina le buscara sus fotos y el disco *Buenos Hermanos*, con el que Ibrahím ganó su cuarto Premio Grammy y en el que con letra precisa le había escrito esta breve y elocuente dedicatoria: «A mi padre, de su hijo Ibrahím».

Esos golpes fuertes e inesperados que, tan elocuentemente describen poetas como el César Vallejo de «Los Heraldos Negros», fueron minando su ímpetu y ganas de vivir, más que la falta de una pierna, la sordera y otros achaques de la vejez. No obstante, muchas veces con la mirada perdida, el tres desafinado y la voz áspera e indiferente, seguía entregando su arte dos veces por semana en la Casa de la Trova y en sus cada vez más escasas giras.

A propuesta del empresario español Antonio Escribano García, apasionado amante de la música cubana, realizó su último viaje a ese país entre agosto y septiembre de 2005, protagonizando varias presentaciones en Calasparra y Cehegin, dos ciudades de Murcia en las que el público aplaudía y cantaba sus sones junto a él y su grupo. En Calasparra, poco después, por iniciativa de Escribano se instaló en su honor el museo-restaurant Santa Palabra en una de las más importantes edificaciones, el santuario de la Virgen de la Esperanza, patrona de esa localidad. El Guayabero, generoso, donó a la instalación trajes, medallas, uno de sus típicos sombreros *cartonié*, o huevo frito como muchos lo llaman, así como otras pertenecías que hoy constituyen objetos patrimoniales para españoles y cubanos.

Al regresar comprobó con pesar que sobre su ciudad se prolongaba una implacable sequía que, desde meses antes, había obligado a las autoridades y sus habitantes a buscar ingeniosas alternativas para proveerse del indispensable líquido y la vida continuara su curso. A pesar de todo, se seguían incrementando las propuestas culturales, se revitalizaba la imagen de su casco histórico con la inauguración del primer tramo del *boulevard*, el bello mural Orígenes, nuevos restaurantes, cafeterías y una réplica de la caverna de Los Beatles que le daba un aire de urbe ecléctica y cosmopolita.

La música de concierto, las agrupaciones vocales y los intérpretes líricos, junto a los septetos de son y la renovación del movimiento trovadoresco, continuaban demostrando la pujanza de una ciudad que con sus Romerías de Mayo se ha convertido en Capital del Arte Joven. Con los trovadores Orlando Silverio e Ivette María Rodríguez, el Cuarteto Alma, Dayamí Revé y Lucrecia Marín, entre otros valores jóvenes que realizaban sus grabaciones para la Egrem o Colibrí e hicieron de Holguín la primera provincia laureada en la Feria Cubadisco, realizó algunas de sus últimas presentaciones artísticas.

Con verdadera devoción, el Centro Provincial de la Música y los Espectáculos, que había recibido su nombre, se dio a la tarea de preparar en grande los festejos por sus noventa y cinco años de edad. Su director Víctor Rodríguez, empeñado en preservar su legado y promover su obra, calorizó la realización del festival Música con Humor y la incorporación de sus creaciones al repertorio de la mayor cantidad de los talentos de la institución, entre otras iniciativas encomiables.

Uno de los más importantes acuerdos fue la construcción de una estatua en el *lobby* del centro, tarea que realizaron los artistas de la plástica Gabriel Maslotikhass y Argelio José Cobiellas. El primero hizo el diseño y la ambientación, y el segundo, la figura del trovador de seis pies de altura, que se construyó con cemento, cola y acero. En la mañana de su cumpleaños, el artista develó la escultura acompañado de sus propias grabaciones y de un numeroso público que aplaudió y también rio cuando tomó el micrófono y, ratificando su vis cómica, se tocó la cara con las manos y exclamó: «De verdad que se parece a mí, fíjense que toco madera.¡Santa palabra!». Esa noche, frente a su casa del reparto Peralta, se premió el concurso

Música con Humor ante cientos de holguineros que no imaginaron que ese sería el último cumpleaños en la vida del juglar.

Poco después, a sus conocidos achaques de salud, se sumó un galopante hepatocarcinoma, o cáncer de hígado, que muy pronto afectó ese imprescindible órgano metabólico. A inicios de marzo de 2007, fue ingresado en el hospital Vladímir Ilich Lenin. El sábado 17 de ese mes, el periodista Juan Pablo Carreras informaba a Cuba y al mundo, a través del semanario *¡ahora!* y la Agencia de Información Nacional (AIN), que su estado de salud era muy crítico, acotando que «se niega a comer, permanece con levine, y presenta un edema por mal nutrición, agudizado por el estado de coma que lo ha llevado a múltiples complicaciones».

Diez días d-espués, a pesar de los ingentes esfuerzos de los especialistas de Cuidados Intensivos, los desvelos de la familia y las autoridades de la provincia y el país, fallecía uno de los patriarcas de la trova y el son, el último juglar de la tradición cubana, El rey del doble sentido y otros epítetos y calificativos encomiásticos que en aluvión noticioso reportaron EFE, ANSA, Reuter y otras agencias a través de Internet, emisoras de radio, canales de televisión y publicaciones de prensa plana de gran parte del mundo.

Sus restos fueron objeto de homenaje en el histórico edificio de La Periquera. Allí se colocaron setenta ofrendas florales enviadas por relevantes personalidades e instituciones de Cuba, entre ellas el general de Ejército Raúl Castro, Silvio y Pablo, el Instituto Cubano de la Música, el Comité Provincial del Partido Comunista de Cuba en Holguín y la Asamblea Provincial del Poder Popular de la provincia Granma. No faltó tampoco la presencia de notables colegas y discípulos del juglar como Eliades Ochoa, Pancho Amat, Tiburón Morales y Cándido Fabré.

En algunos tramos del recorrido hasta el viejo cementerio local, la comitiva fúnebre realizó paradas para que sus compañeros músicos interpretaran sus composiciones, ese puñado de sones que lo habían convertido en el más universal de los músicos holguineros. El pueblo despidió sus restos mortales en impresionante manifestación de duelo y de cariño, convencido de que allí sembraba un árbol frondoso e inmarchitable en su corazón, un símbolo de identidad y cubanía en la historia de nuestro patrimonio sonoro.

El Guayabero y Jésus Cosano. Encuentro del son cubano y el flamenco, 1994

El Guayabero y Compay Segundo. Encuentro del son cubano y el flamenco, Sevilla

Cuca Rivero, El Guayabero y Esther Borja. XVI Festival Nacional de la Radio, Holguín, 1994

El Guayabero en París, 1998

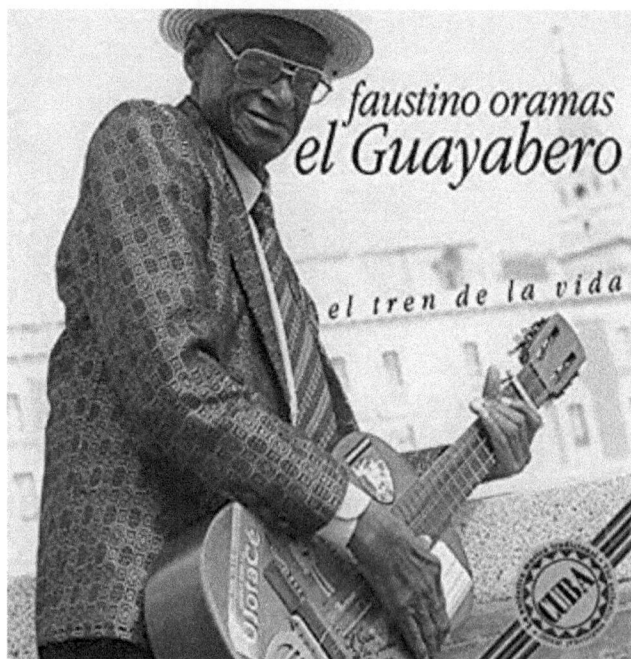
Portada del disco El tren de la vida, sello Eurotropical, 1998

Con Ibrahím Ferrer y otros integrantes del Buenavista Social Club, La Habana, 1999

Recibiendo el homenaje de la UPEC y los periodistas holguineros, junto a Eliades Ochoa y otros invitados a las actividades por sus 90 años. Junio del año 2001

El Guayabero, uno de los músicos cubanos que más ha sido llevado a la caricatura. Esta, realizada por Ares, le fue obsequiada en el año 2002 al recibir el Premio Nacional del Humor

Frente a la Casa de la trova de Holguín el 29 de junio de 2002, día en que esa institución recibe el nombre de El Guayabero

El día en que la casa de la trova de Holguín recibe su nombre, lo felicitan sus compañeros. A la izquierda el pintor Eduardo Leyva; a la derecha, Gastón Allen, director de la Orquesta Avilés

El día en que la casa de la trova de Holguín recibe su nombre, lo felicitan sus compañeros. A la izquierda el pintor Eduardo Leyva; a la derecha, Gastón Allen, director de la Orquesta Avilés

Con los integrantes de su grupo en el portal de su última vivienda, reparto Peralta, Holguín, antes de partir a una de las actividades por su cumpleaños

Con uno de sus sobrinos, durante las festividades por su cumpleaños 95. Holguín, junio de 2006

Funeral del Guayabero. Guardia de Honor de sus amigos músicos, 27 de marzo de 2007

La Banda Provincial de Conciertos y un mar de pueblo acompañó a El Guayabero hasta la vieja necrópolis holguinera el 28 de marzo de 2007

ANEXOS

Testimonios y anécdotas

Al igual que su estampa y su estilo musical, el ser humano que habitó en El Guayabero fue único e irrepetible. Recogimos un rico anecdotario que resalta sobre todo su generosidad, su pasión y entrega a la música. Tampoco faltan su picardía, sus frustraciones, el hedonismo y afán de vivir que distinguió sus años mozos.

Santana Oramas Osorio
«Sobrino. Cantante y maraquero de Los Guayaberos»

Desde pequeño fue muy inteligente y pícaro. El día en que su hermana Elda, mi mamá, dio a luz a mi hermano Rodolfo, abuelo lo mandó urgente a buscar a la partera del barrio, él muy ocurrente le preguntó: ¿papa, Elda no pudiera esperar a mañana? A pesar de los momentos de tensión, los presentes se echaron a reír. Con sus sobrinos, su familia y sus músicos tuvo muchas atenciones.

Cuando en 1980 se decide a fundar Los Guayaberos me fue a buscar y me asignó responsabilidades en la administración y organización del grupo. Siempre impuso rigor y disciplina; en el vestuario exigía uniformidad, pulcritud y elegancia. En cada presentación había que entregarse con la mayor calidad, fuera para dos mil o para un solo espectador. Era muy severo con los que «empinaban mucho el codo», como decía a aquellos que se excedían en las bebidas alcohólicas. En sus ratos libres jugaba mucho al dominó, de este *hobby* se las sabía todas. Cuando se repartían las fichas ya él sabía cuáles tenía cada jugador. Fue el rey del dominó.

Irma Oramas Meriño
«Sobrina, compositora y cantante (Holguín, 1933)»

Para mí fue como un padre y el mejor tío del mundo. Mi padre Nacianceno tuvo dieciocho hijos con diferentes mujeres y yo vivía sola con mi mamá. Muchas veces andaba descalza, y él con el dinero que le regalaban por sus descargas en la Plaza de la Marqueta me compraba unas sandalitas de cuero. Recuerdo esa y otras atenciones suyas con infinito cariño.

Aún con pantalones cortos integró grupos soneros como los de mi papá, Pepe Osorio, Mario Patterson y el de Martínez Cauce (Cuerito), con los que recorrió parte de Oriente. Luego fundó el suyo con el que participaba en diversos programas radiales y desarrolló una escuela de la síncopa y el son de verdad. Deseosa de cantar en su programa radial del mediodía, en una ocasión me le aparecí, aun siendo muy pequeña, en la CMKF con muchachos del barrio que me acompañaban con laticas, tambores y palitos de clave. Él, muy cariñoso, me dijo que luego de ensayar conmigo me llevaría al programa, y así fue. Su presencia fue el mayor estímulo en mi vocación musical.

Posteriormente yo también fui para él como un ángel guardián. Durante parte de los años cincuenta viví en La Habana y se quedaba largas temporadas en mi casa. Gustaba de descargar en una barbería de la calle Infanta, frente a Radio Progreso, así como en una barra o cantina cercana, en la que permanecía hasta la madrugada. Luego de dormir hasta la una de la tarde, volvía a la faena. No pasaba el cepillo porque tenía su orgullo, pero siempre le dejaban caer algo. Para él lo más importante era disfrutar esa vida bohemia y dar a conocer su música, siempre que se interesaran en ella y lo trataran bien. En ocasiones descargaba en la barra del cabaret Las Vegas, en El Otro Mundo, ubicado por la Esquina de Tejas, o en el Rumba Palace de la playa de Marianao, luego de terminar en este último los espectáculos.

En esos recorridos conoció y estrechó amistad con el Niño Rivera, Gilberto Noroña (Carioca) y Pío Leyva. Además de reencontrarse con viejos amigos como Mario y Octavio Sánchez (Cotán), Luis Peña (El Albino) y Manuel Licea (Puntillita). Con algunos de ellos también canté y me fui desarrollando en diversos géneros de la música cubana, pero si es cierto, como algunos dicen, que desarrollé espuela de gallina improvisadora, eso se lo debo a mi tío. A él dediqué piezas como «El bastón de El Guayabero», con la que obtuve premio en el Festival del Humor, y que de alguna manera reflejan mi gratitud infinita, pues más que tío fue un padre y un guía, y a su lado viví momentos trascendentales de mi vida y de mi carrera artística como las giras por Cuba en El Comedor de Guachinango y por Andalucía durante El Encuentro del Flamenco y del Son en 1994.

Andrés Cuayo Serrano
«Pianista. (Holguín, 1924)»

Faustino era muy luchador y de una familia honorable. Lo conocí siendo yo muy joven, cuando iba a jugar pelota frente a su casa y llegaba a tomarles el café y a ver la cría de gallos de su hermano Ceno. Conocía a la perfección todas las piezas de su grupo, por eso un día le dije: «Vamos a probar el conjunto con piano a ver cómo suena». 83 Resultó un éxito, así fue como estrechamos vínculos de trabajo, los cuales mantuve por varios años, siempre que había condiciones. Por ese entonces las hermanas Barberena alquilaban un piano por diez pesos la noche y con él amenizamos bailes en diferentes sociedades de recreo, así como en Báguano, Mir, Santa Lucía, Tacajó y otros lugares. También trabajé con él en un programa que tenía por la emisora CMKF y por el que apenas nos pagaban tres pesos por un mes de trasmisiones, mientras que por un baile bien tratado se llegaba a pagar 25 pesos. El pianista recibía generalmente dos pesos con cincuenta centavos.

En la radio no se tocaban piezas de doble sentido. En el repertorio del conjunto, que yo recuerde, abundaban los sones de Arsenio Rodríguez, Miguel Matamoros, Chapotín, Chepín, Pepe Osorio y boleros como «Convergencia», de Bienvenido Julián Gutiérrez, y «Obsesión», de Pedro Flores, que en un baile él pedía se cantara dos o tres veces. Donde llegaba Faustino, convertía la tristeza en alegría, pues era muy divertido y ocurrente, al igual que otros integrantes del grupo como Eugenio Aguilera Solares, al que todos llamaban Solarito. Este en una ocasión se encontró a un hombre llorando y, a cierta distancia, expresó: «Por qué está llorando la señora?».

Faustino, al oírlo, se llevó las manos a la cabeza y lo mando a callar, aclarándole que la esposa del hombre había fallecido y él estaba bebiendo para olvidar las penas.

Solarito fue un gran tresero, igual que Pedro Negrín y, sobre todo, Cestino Montalvo, un músico de Cárdenas que hacía sonar el tres como un piano. También recuerdo el excelente trabajo del tumbador Genaro Urquiza, el guitarrista Jorge Rodríguez, Trueba en el bongó y al cantante Francisco González (Paco Suburbio), que lo interpretaba todo muy bien e impresionó a Arsenio Rodríguez, quien lo elogió y le prometió ayuda si decidía irse para La Habana. En cuanto a las trompetas se llegó a tener cuatro de muy buena calidad y ocasionalmente se contó con verdaderos maestros del instrumento como Eduardo Márquez, Jorge Varona o Gastón Allen. El Niño Rivera, gran amigo de Faustino, también alguna que otra vez se sumó a nuestro grupo.

Ángel Luis Reyes
«Trompetista del grupo Los Guayaberos»

El Guayabero fue una persona extremadamente humilde que ayudó a muchas personas. Yo fui una de ellas. Cuando entré a su grupo por alguien insustituible, como era el maestro Manuel de Jesús Leyva (Koko), tenía muchas dificultades con el transporte, pues vivía en Mayarí. En una ocasión en que se hablaba del asunto dijo: «Eso se va a acabar, pues se irá a vivir a mi casa. Él es mi hijo». Así fue como durante largo tiempo tuve el honor de compartir mi vida junto a él.

Cuando entré al grupo pensé que sería fácil, pero el suyo no es como cualquier son que uno hace un floreo, un solo bonito y ya tienes un terreno ganado. Su base armónica está fundamentada por tónica y dominante, que son dos acordes, y se exige inventiva y a la vez ser fiel a su estilo, a su tumbao que representa una tradición que tenemos que preservar y que he comprobado que gusta lo mismo en Cuba que en el extranjero.

Con él aprendí mucho lo que es identidad y cubanía, pero también de valores humanos. Llegamos a ser como familia. Me hablaba mucho de Eliades Ochoa, de Pacho Alonso, de Ibrahím Ferrer y en ocasiones me tocaba el tres. Compartíamos de una forma muy fraterna y sana la vida hogareña. Cuando iba algún visitante a comer a la casa, le decía a la señora que nos atendía: «China, para los invitados, cerveza, para el niño, refresco». Después de su muerte yo iba semanalmente al cementerio a ponerles flores a él y a Koko Leyva, esa idea la voy a retomar en merecido acto de agradecimiento.

Andrés A. Aguilera Ricardo
«Doctor en Ciencias Jurídicas, fundador del grupo musical Los Century y de otras instituciones culturales de Holguín»

De las conversaciones con él guardo recuerdos gratos, pues siempre se aprendía. Cuando se inauguró la Casa de la Trova, por ejemplo, invitamos a la legendaria Blanquita Becerra que por entonces residía en Las Tunas. Concluida la actividad se produjo una discusión, originada por la actitud de los choferes que exigían comer antes de llevar a los invitados de regreso, luego de resolverse el asunto se me acercó y me dijo: «Tú ves, mi tío tenía razón, él decía que en una discusión el que habla más alto es el que está perdiendo». Esas palabras no las he olvidado nunca, incluso ni en mi posterior vida profesional como jurista ¡y qué razón tenía!

Siempre fue un tipo pacífico, pero con el que no se podía jugar. Cuando la evaluación artística de 1980, cuya comisión provincial presidí, lo invité junto a Raúl Camayd, Koko Leyva y otras personalidades a una reunión sobre el tema, que se realizó en Santiago de Cuba. En el análisis de uno de los asuntos en debate, cierto funcionario lo pone de ejemplo, refiriéndose a que el juglar esto, el juglar lo otro, pero con cierta ironía. Él pidió la palabra y le respondió: «Yo soy un juglar para mis amigos y el pueblo que me admira, pero para los mal intencionados como tú, no soy un juglar sino un jaguar».

Así era ese hombre tan original, muy noctámbulo y dueño de un humor muy agudo, del que recuerdo muchas anécdotas, todas aparentemente simpáticas, pero siempre con una enseñanza. Fue una persona muy caballerosa, de un hablar rápido cuando comenzaba. Solía hacer un gesto al conversar, se viraba y parecía que se iba, pero siempre daba un giro y regresaba. Se mostraba muy sereno y siempre te miraba a los ojos cuando hablaba. Era muy amistoso, pero ser su amigo tenía un precio. Y eso lo sabemos quiénes nos acercamos a él y cultivamos su amistad. Creo que el Centro Provincial de la Música tiene el nombre de un magnífico hombre músico, y yo que resido al doblar de esta institución, me lo encuentro casi todos los días, echo una mirada al local y le digo: Hasta luego, mi amigo (creo que puedo llamarlo así).

Jesús Téllez Carracedo
«Funcionario del sector cultural»

Lo recuerdo desde hace cerca de cuarenta años atrás, cuando comencé a trabajar en el sector cultural atendiendo a personalidades. Además de su calidad artística, la tenía como persona, siempre muy solidario y simpático. Cuando llegaba a la oficina, luego de saludar cortésmente me decía: «Mira, Téllez, necesito hablar con el bodeguero». Pero qué cosa es eso del bodeguero, Faustino, le preguntaba sonriente, conocedor de sus ocurrencias. A lo que de inmediato agregaba: «Es que el director siempre está despachando y nunca puede atender a uno». Así eran los diálogos, inesperados y cargados de humor, con este músico al que siempre atendíamos con el mayor agrado.

En esas visitas solía contarnos anécdotas y vivencias que despertaban el interés y la risa de todos. Recuerdo cuando en una ocasión necesitaba viajar a Ciego de Ávila y nos narraba las peripecias para lograrlo. Pidió ayuda a la oficina del ministro de las FAR, de la cual le enviaron un helicóptero, y cuando llegó a esa ciudad, se armó tremendo alboroto, ya que en el aeropuerto se esperaba al general Raúl Castro u otras autoridades militares. Él era pródigo en contar los detalles con su lenguaje pintoresco que alegraba a todos, tal como sucedía en los cumpleaños que le organizábamos y en los que se esmeraba en atenciones hasta la exquisitez, siempre muy perfumado y elegantemente vestido. Así era Faustino, un caballero irreprochable.

José Julián Padilla Sánchez
«Productor discográfico»

Cuando en 1980 se fundaron los estudios de grabación en Santiago de Cuba, yo tuve el placer de ser designado productor de una serie de discos de larga duración que se realizarían a figuras legendarias de la trova, entre ellos mi abuelo Pepe Sánchez, Ñico Saquito, Los Compadres y El Guayabero. En una reunión previa algunos estimaron que él no debía ser llevado al disco, que sus piezas de doble sentido no tenían cabida en el mundo de las grabaciones, la radio y la televisión.

Finalmente rompimos ese mito o prejuicio, vino al estudio con sus músicos y se grabaron catorce piezas, aunque por sus improvisaciones y extensión solo se incluyeron seis en ese, su primer disco. Al fin de año las mejores grabaciones se enviaron al Premio Egrem y, para sorpresa de algunos, el suyo fue el ganador en la categoría de música tradicional. Recuerdo que la musicóloga María Teresa Linares, integrante del jurado, luego me comentó que lo oyeron varias veces, y su gracejo y picardía no tuvieron rivales, siendo seleccionado su LD por voto unánime. La acogida popular también fue magnífica pues en muy poco tiempo fueron vendidos todos los ejemplares, y en 1985 y 1989 volvió a grabar otros dos discos de larga duración. De ellos se han hecho reediciones y se han incluido sus grabaciones en numerosas compilaciones y antologías, además de llevarse a CD y a casetes.

Aquí en Santiago siempre fue muy querido y aplaudido en los festivales de la trova, el son y otras celebraciones. En los carnavales de la década de 1980, en la calle Sueño se reunían miles de personas que cantaban junto a él sus sones. Sin duda que entre tantos grandes de la música cubana, El Guayabero tiene un lugar privilegiado en el corazón de los cubanos.

Saturno Bruqueta
«Productor de espectáculos y autor musical»

En la década de 1970 yo era administrador en Bayamo del Sectorial Municipal de Cultura y con frecuencia lo programaba y atendía. Lo queríamos mucho y él se sentía muy bien aquí, como si fuera un bayamés más. En ocasiones también discutíamos, tenía un carácter fuerte y a veces pensaba que los inconvenientes se le ponían a él y no que eran problemas que confrontaban todos, eso lo hacía sentir mal y discutía.

Han pasado unos cuarenta años y lo sigo recordando con mucho afecto, poseo muchas de sus grabaciones y cuando tengo el ánimo atrás es cuando prefiero escucharlas. Con ellas tengo que sonreír, levanto el ánimo y las ganas de vivir y de trabajar, sin duda El Guayabero es un antídoto contra la tristeza y la energía negativa.

Ramón Avilés
«Destacado intérprete de sus composiciones»

Yo empecé cantando boleros, pero la obra de grandes soneros como él me inclinaron por el son montuno. Lo conocí por 1968, cuando aún no tenía el grupo y con su tres bajo el brazo recorría Cuba. Entablamos una gran amistad y cuando iba a La Habana, junto a Acanda, lo buscaba en el hotel Lincoln donde siempre se hospedaba e intercambiaba mucho con él. Llegué a tener trece o catorce piezas suyas en mi repertorio y admiré al creador, pero también al hombre simpático, humilde y generoso.

Creo que lo conocí profundamente y sin verlo o escucharlo cantar, podía reconocerlo con solo oírlo tocar su tres, ya que poseía una cuerda quinto en el centro que le daba una sonoridad personal e inconfundible. Con sus sones obtuve importantes éxitos, uno de ellos fue durante mi primer viaje al extranjero en 1974, año en que junto a Ramón Veloz y otros artistas cubanos actué en Panamá y Costa Rica. En todas las presentaciones, «Mañana me voy a Sibanicú», o «Me vuelve a morder la perra», como algunos le decían, fue la pieza más aplaudida. Incluso un empresario insistió para que se incluyera en un disco que se realizó por una disquera de allá.

Posteriormente estuve cerca de diez años trabajando con el grupo Vieja Trova Santiaguera en España y otros países. Al regresar me casé y establecí en Matanzas, y él, deseoso de verme, se afanó en localizarme y un día se apareció en mi casa e insistió en obsequiarme 350 dólares para que me comprara un nuevo televisor. Siempre me demostró muchísimo afecto y en más de una oportunidad me envió su automóvil para que no faltara a los homenajes que le realizaban en Holguín.

Julio Bécker
«Contrabajista de Los Guayaberos»

Entré a su grupo por 1987. Al inicio trataba de adornar las cosas, tocaba a mi manera y él me decía: «No me hagas muchos filigranas en el bajo, haz solo el tumbao». Me fui acostumbrando y pronto llegué a dominar su estilo, el cual seguimos cultivando y defendiendo. Con El Guayabero viví momentos inolvidables y recorrí varios países, sobre todo durante la gira de 1998, que iniciamos en una bella playa de Tenerife, comparable a Varadero. Allí acuden anualmente turistas de toda Europa, y en el festival en el que nos insertamos había cerca de doscientas mil personas; empezó a las siete de la noche y concluyó a las siete de la mañana del día siguiente.   89

En Canarias actuamos en teatros, pistas de baile y otros lugares. En uno de ellos alternamos con Argelia Fragoso, y luego en Madrid y París se nos incorporaron otros cubanos como Livam y Gema y Pável. En la bella capital francesa, nos presentamos en el Elyseé Montmartre, una acogedora y amplísima instalación que estuvo abarrotada de público todo el tiempo. De allí el espectáculo regresó a Cuba, excepto cuatro músicos que acompañamos a El Guayabero a un festival en La Haya, Holanda, y en la grabación del disco *El tren de la vida*, pocos días después.

Para ese CD se agregaron dos cantantes del grupo Los Sabandeños que hicieron los coros conmigo, además de Murgan, excelente músico cubano que ejecutó la guitarra y el tres en esas grabaciones, que fueron muy bien recibidas en España y otros países. Aunque hoy físicamente no esté, su tumbao y su obra van a perdurar mientras el grupo exista.

Gustavo Márquez Bermúdez (1952)
«Trompetista, compositor, orquestador y director»

Mi padre Eduardo Márquez, trompetista de la Orquesta Avilés, trabajó ocasionalmente en el conjunto suyo, que en esa época era de los llamados «ven tú», o sea, se reunían músicos para cumplir determinados contratos. Muchas veces él personalmente iba a mi casa a buscarlo para ir a amenizar fiestas en bateyes y barrios. Solía conversar mucho con mi papá, yo era entonces muy pequeño y me impresionaba aquel hombre tan alto que nunca soltaba el tres de la mano e inclusive me maravillaba cuando a veces lo tocaba en mi presencia.

Con el transcurso del tiempo, su trabajo fue creciendo y ganando en reconocimiento, lo que junto a aquellas vivencias de mi infancia, de alguna manera me estimularon a desarrollarme como compositor y músico, no en su estilo, pero sí en la vertiente del son. Con él tuve la posibilidad de alternar en varias oportunidades, la primera fue siendo yo muy joven cuando en sustitución de mi padre, participé, formando parte de la Avilés, en un carnaval de Santiago de Cuba. Coincidimos en el mismo hotel, y en una ocasión en que estábamos en el restaurante del hotel, el músico Tony Pérez tomó el tres que había dejado al lado de la puerta y empezó a tocar *funky*. El Guayabero se levantó como un bólido de su asiento, le quitó el instrumento y muy molesto le dijo: «Dame acá el tres que le estás enseñando malas palabras», el incidente hizo reír a todos los presentes y a muchos que luego conocieron la anécdota.

Roberto Báster
«Percusionista del grupo Los Guayaberos»

Con El Guayabero viví momentos inolvidables, con él aprendí a defender lo más genuino de nuestras tradiciones musicales. Yo procedía de agrupaciones que interpretaban la timba y cuando pasé, en 2004, a formar parte de su grupo no dominaba las peculiaridades de su tumbao, por lo que él me insistía «hazme tres tapao y dos abiertos», y como ignoraba el significado de esa indicación, me preguntaba, ¿qué será eso? Con la ayuda de su sobrino Carmito

Oramas, que es un verdadero maestro de la percusión cubana, logré coger su ritmo, mezcla de son, changüí y pilón, que es la razón que nos hace sonar distinto a todas las demás agrupaciones como nos han calificado en diversos lugares de Cuba y de Europa.

Gilberto Morales Verdecia (1935-2011)
«Guitarrista de Los Guayaberos entre 1981-1989»

Cuando se fundó Los Guayaberos, el 6 de marzo de 1981, fue que por primera vez trabajé con un grupo profesional. Procedía del movimiento de aficionados y tenía mis temores al abandonar mi puesto de trabajo de años en un almacén, pero su sobrino Santana Oramas me dio mucha seguridad y confianza y, en efecto, durante los ocho años que permanecí al lado de Faustino viví experiencias maravillosas a lo largo de Cuba ya que, excepto Pinar del Río, en ese tiempo recorrimos todas las demás provincias.

El grupo trabajaba intensamente, hasta en vacaciones él me mandaba a buscar para realizar actuaciones con todo el grupo o en un formato más reducido con tres, guitarra y percusión. Especialmente durante las fiestas del carnaval, la acogida era extraordinaria, pero recuerdo con mucho agrado las actuaciones en el Festival de Varadero de l984, en la hermosa cueva de Bellamar y la participación en homenajes muy emotivos como los brindados en Santiago de Cuba a Ñico Saquito, al primer cosmonauta de Latinoamérica, Arnaldo Tamayo Méndez, en su natal Guantánamo, y otro que recibió Andrés Pedroso en Ciego de Ávila.

Nunca imaginé que tendría el privilegio de ganar la amistad y la confianza de una figura de la talla de Faustino y menos de conocer tantos artistas valiosos y personalidades de Cuba y del mundo, entre ellas el canciller, Raúl Roa, Omara Portuondo... Hasta en una ocasión viajamos en un helicóptero a Ciego Ávila para trabajar en el carnaval de esa ciudad. Fue una de las mayores aventuras al lado de un maestro del humor y la picardía y que no olvidaré mientras viva.

William Cordero Sera
«Destacado intérprete del bolero»

A finales de la década de 1950 trabajé mucho como cantante de boleros en orquestas de Holguín, las cuales, como era usual en el interior del país entonces, nutrían mucho su repertorio con piezas y arreglos que comercializaba la Peer Southern, la famosa editora de música norteamericana. En esa época Faustino era dirigente sindical y viajaba con cierta frecuencia a La Habana; como eran tiempos muy difíciles, de allá traía muchas partituras de la Peer para vender, e iba personalmente a mi casa a proponerme, a precios muy baratos, ediciones de «Preferí perderte», «Qué emoción», «Dolor y perdón», entre otros boleros que ya habían popularizado Benny Moré y cancioneros de moda.

Esa fue una de las vías por la que estreché una relación de amistad que perduró hasta su muerte. También coincidimos en el trabajo sindical e incluso en algunas ocasiones trabajé con su piquete. En esos años los músicos éramos semiprofesionales, yo, por ejemplo, trabajaba en una fábrica de calzado y no he olvidado el día cuando él llegó allí para proponerme cantar con su grupo en un contrato que había conseguido para amenizar una fiesta en el antiguo central Palomo.

Para mí Faustino impuso una forma de sonear singular, la cual fue incomprendida por algunos al inicio, pero poco a poco se fue ganando un lugar privilegiado. Recuerdo que aún a inicios de la década de 1980, no faltaban los que ponían reparos a su propuesta, por ese entonces ambos participamos en una Jornada de la Cultura Holguinera en La Habana. En una de las galas realizadas en el Teatro Nacional, al empezar su actuación, se notaba una reserva en una parte del público por sus textos de doble sentido, sin embargo, parece que la música los fue contagiando y comenzaron a seguirle la rima y hasta corearon sus interpretaciones. Finalmente hizo bailar a muchos y resultó uno de los artistas más aplaudidos.

Deivis Sánchez
«Tresero del grupo Los Guayaberos»

Como tresero el trabajar a su lado fue una verdadera escuela. Aprendí mucho de sus tumbaos, de este instrumento y sus peculiaridades. Fue por eso que, en noviembre del año 2001, cuando él andaba buscando un tresero para su grupo, en tono de broma, pero muy seriamente en el fondo, yo mismo me brindé y no me arrepiento de ello porque a partir de entonces bajo su guía crecí en lo profesional y en lo humano, ya que fue muy buena persona y no solo nos dejó su música sino también el ejemplo de sus valores y de su carácter bromista.

Como instrumentista no gustaba del tres pequeño, prefería la guitarra adaptada a tres y lo encordaba muy diferente a los demás. Le ponía bordones para que sonara grave su tumbao, o macho como solía decir a los que preguntaban. Normalmente en el tres se encuentran prima y tercera entorchadas arriba —que es el sol—; luego, dos terceras lisas en el medio —que es el do—, y finalmente, dos segundas lisas o un cuarto y una segunda abajo —que es el mí—; sin embargo, El Guayabero le ponía un cuarto y una segunda gruesa abajo para el mí, un bordón quinto grueso con una tercera lisa en el medio, y arriba, una tercera entorchada con una prima, lo que lo hacía sonar muy, muy diferente al resto de este tipo de cordófono tan cubano.

Leonardo Padura
«Periodista y escritor»

Casi nadie lo conoce por su verdadero nombre. Sin embargo, cuando se habla de El Guayabero viene a la mente de todos los cubanos su peculiar estampa y el criollísimo humor de sus canciones.

Cuando uno lo mira bien, descubre que Faustino Oramas parece un Quijote demasiado expuesto al sol. Como el inmortal caballero de Cervantes, Faustino es de complexión recia, seco de carnes, enjuto de rostro, gran madrugador y amigo de la caza (de la caza de amor/que/ es de altanería, como bien dijera Gil Vicente). Incluso, como todo caballero andante, Faustino Oramas tiene su nombre de guerra: El Guayabero.

Sin embargo, su oficio no es deshacer entuertos, sino recorrer nuestra ínsula, de pueblo en pueblo, acompañado siempre de su tres, como los viejos juglares. Como los juglares, además, Faustino Oramas va cantando la crónica de nuestra vida cotidiana. Para ello cuenta con su voz potente, unos octosílabos inmejorables y el criollísimo humor del doble sentido, atributos que lo hecho famoso y hasta imprescindible en la abultada memoria de la música popular cubana.

> [...] de todas las cosas importantes que ha visto o le han sucedido en su larga vida, El Guayabero ha tomado la materia prima para sus sones más populares, y por eso en sus letras refleja, como pocos lo han hecho, el modo de ser del cubano, su picardía congénita y su humor corrosivo y vital.
>
> Faustino Oramas es por ello, tal vez, el último representante de aquella generación de soneros que vivieron de la música y para la música, y supieron transmitir a su obra la idiosincrasia del cubano, que siempre se reconoce en las canciones de este juglar oriental. Y, como juglar al fin, El Guayabero vive y disfruta la bohemia. Con el tres debajo del brazo, siempre está dispuesto a cantar en escenarios o parques, en bares o bateyes, dondequiera que haga falta la alegría, porque Faustino Oramas es la alegría de su música, y su público son todos los habitantes de esta, su ínsula querida y natal. [...][10]

María Teresa Linares
«Musicóloga»

Faustino Oramas representa una fase del son, quizás inicial, quizás primaria; pero que él la mantiene con mucho vigor, con mucha calidad. Faustino utiliza las formas del son que se usaban antiguamente, los montunos, sobre los cuales se improvisaban cuartetas y décimas.

---

[10]. Leonardo Padura. Revista *Cuba Internacional*, septiembre de 1988

Él es un gran improvisador y sabe cómo decir el humor criollo, el humor que recoge la guaracha, en esos sones. Esa picardía, esa cosa casi erótica que plantea, es una tradición en la música cubana. Es tradición también su forma de tocar el tres, distinta a como se extendió por todas las zonas urbanas y como llegó a La Habana. Él toca un tumbao del tres que es muy antiguo y lo mantiene.

Yo creo que en estos setenta años en que nos ha estado impartiendo su arte, ha mantenido una tradición que posiblemente enriquece de nuevo todas las formas de son que se están elaborando. Considero que Faustino Oramas es la tradición viviente, es el son en vida, es el son en toda su historia.[11]

Danilo Orozco
«Doctor en Musicología»

El Guayabero (Oramas), trovador/ guajiro, con un estilo musical   95
sencillo e ingenioso, basado en tumbaos treseros «atravesaos» de la
cuenca del Cauto, Holguín, que de un modo u otro le vincula con
las fuentes del Miguel. Todo un personaje de la sicología picaresca
del doble sentido muy acentuado, lapidario y al mismo tiempo insinuante, y que, según el público y el caso, puede hacer reír mucho,
sonrojar o molestar a otros, o incidir en una recepción variable e
irónicamente oscilante.[12]

Juan Perro
«Santiago Auserón. Músico español»

[...] me quedé pillao con su lenguaje afilado y su sentido hiriente y provocador y, además, añadía el humor cubano y esa especie de liviandad aparente. [...] Llegué a Holguín, pregunté por su casa, llegué a su puerta, la soné y salió El Guayabero en persona y me dijo: «Pero pase»

[11.] María Teresa Linares. Entrevista por el autor, marzo de 1996.
[12.] Danilo Orozco. *De Matamoros y el entorno o lo integrador universal del modo son.* Ed. Oriente, Santiago de Cuba, 1994, pp. 21-23.

y me empezó a hablar: «Mira, lo importante en el son es esto» y me habló de Benny Moré, Arsenio Rodríguez, quiénes eran Chapotín y Miguelito Cuní. Me cantó toda su obra, ¡y en su casa!, yo solo tomaba buena nota de todo y grabé todo.

Me volví de nuevo a Madrid, estaba diseñando mi nuevo disco *Raíces al viento*, y todo aquello me influyó mucho, de manera que decidí grabarlo en La Habana y aquí creo que empezó el proyecto de Juan Perro.[13]

Luis Ángel Silva, Melón
«Sonero mexicano»

Cantar con El Guayabero ha sido la experiencia más difícil de mi vida [...] sentí calambres hasta en la ropa, porque ese es el son verdadero. Ahí tienes que hacer todo bien, como es el son [...] Todo salió bien, pero estaba yo tembloroso, con mariposas en el estómago, pero así como me puse nervioso, también así lo disfruté.[14]

Pablo Milanés
«Fundador del Movimiento de la Nueva Trova»

El Guayabero es un genio popular cuyas características, muy especiales dentro de la música popular cubana, no pueden clasificarse en una tendencia determinada. Creo que, desgraciadamente, no habrá otro como él. Si nos remitimos a Ñico Saquito, también tenía su sello particular, y de los más contemporáneos, Pedro Luis Ferrer posee sus características por ser más letrado y calificado en la música.

Guayabero imprime una ternura especial como pocos, en tantocultor de la picaresca. Él proyecta como nadie la cubanía de su verso y lo hace con bastante maestría.[15]

[13.] Tomado de Internet htp://www.lahuellasonora.com/viaje a cuba.
[14.] Tomado de Internet. https://aldeacotidiana.blogspot.com/.
[15.] Pablo Milanés. Revista *Revolución y Cultura*, pag. 34. Abril de 1990.

Pancho Amat
«Compositor, director y tresero»

> Él es un tresero popular de tumbaos, que utiliza un diseño melódico rítmico muy reiterado, en cuya célula más elemental radica el sabor cubano. Lo he estudiado con detenimiento, porque a veces se producen cierres en la orquesta que me permiten arrancar con un tumbao que gusta a todo el mundo, le quito o le pongo algo más, pero me inspiro en Faustino Oramas.
>
> Sus tumbaos son complejos; para cada número tiene uno distinto, y cuando los tocas levantan la música. Cabe en su pequeño grupo, pero también en formato de orquesta. [...] Su mérito consiste en haber hallado su raíz, y en su virtuosismo al expresarla. Creo que todo tresero debe conocer sus «tumbaos».[16]

Lil Rodríguez
«Periodista venezolana y promotora de la música caribeña»

> El Guayabero [...] es personaje en la sociología de la cotidianidad de los caribeños. Era rey del doble sentido y la picardía. No obviamos aquí a Miguel Matamoros y Ñico Saquito, pero es que El Guayabero fue descaradamente cultor del doble sentido, sin piedad y sin afeites.[17]

Cándido Fabré
«Cantante y compositor de son»

A El Guayabero lo conocí, como lo conocieron muchos cubanos, cuando yo era muy niño. Era un hombre bien especial, porque andaba de tarima en tarima [...] yo veía que aquel hombre era arrollador de público, solamente con un tres y con su corazón cantando y tanta

---

[16.] Pancho Amat. Revista *Revolución y Cultura*, p. 34, abril de 1990.
[17.] Tomado de www.latina.com.

gente siguiéndolo. Con eso pude corroborar que un formato no decide el éxito de un artista, que la grandeza de un hombre está en su verdadera identidad y eso le sobró a El Guayabero: identidad y cubanía. En la medida que fui creciendo, tuve la suerte de andar con una orquesta de San Luis en la que un hermano mío cantaba, así fue como un día pude saludar a este señor [...] Luego gracias a mi talento creador tuve el reconocimiento de El Guayabero y fue hermoso cantarle, cuando estaba en la Original de Manzanillo, un tema de Pedro García Lupiáñez al que le metí el alma y él lo agradeció mucho.

Durante años él me decía hijo y yo le decía papá, por eso cuando a El Guayabero la gente le dijo adiós, yo no le dije adiós, porque es que se le hizo tarde a la muerte para borrar la grandeza de un hombre inmenso como él. Cada cantor que quiera nutrirse del doble sentido sin caer en la corrupción verbal tendrá que acudir al inmenso caudal de El Guayabero.[18]

98 Eduardo Sosa
«Presidente del Festival de la Trova Pepe Sánchez»

Faustino es un clásico. Mira que aquí hay buenos trovadores, artistas con una obra muy sólida y pese a ello, al menos yo, no les llamo clásicos. Faustino resume con su música la esencia cotidiana del cubano, el ser humano este que en medio de situaciones terribles resuelve con una sonrisa y que, a pesar de los pesares, siempre da un mensaje de esperanza y alegría.

La importancia que tienen esas cosas para mí como ser humano, poder disfrutar la música de Faustino, poder escuchar lo que decía, lo que cantaba, lo que te permitía imaginar es todo un gozo [...] yo creo que su legado debe conservarse de la manera que lo están haciendo Los Guayaberos, y en medio de tanta avalancha de grosería en muchas canciones, ojalá puedan las nuevas generaciones escuchar lo que decía Faustino, sin grosería, con esa picardía tan inherente al cubano y que él magistralmente supo canalizar con su talento.[19]

[18.] Cándido Fabré. Entrevista por el autor. Holguin, 3 de abril de 2011.
[19.] Eduardo Sosa. Entrevista por el autor. Santiago de Cuba, 17 de marzo de 2011.

Ricardo Cantalapiedra
«Periodista y crítico español»

Faustino Oramas tiene talante de asceta enjuto de La Tebaida, pero todas sus canciones son un homenaje finamente procaz al sexo y a las mujeres.[20]

Carlos Puig
«Director de la Banda Provincial de Conciertos de Granma»

Yo considero a Faustino Oramas, El Guayabero, el cantor del pueblo. Bayamo era una de las ciudades que más visitaba, recuerdo sus presentaciones ambulatorias por nuestras calles en los años setenta, etapa en que hizo amistad con muchos bayameses como Pedro García Lupiáñez, quien le dedicó Trovador, guitarra en mano vas. Ese son fue grabado en el estudio de nuestra agrupación por Tempestad Latina y posteriormente fue llevado al disco por Cándido Fabré y la Original de Manzanillo.

Él trabajó un grupo de patrones rítmicos de forma muy personal, logrando una especie de combinación entre el son y el changüí con tumbaos muy propios que dificultaban a cualquier músico entrar en clave. Todos conocen lo singular de sus textos picarescos, pero pocos han valorado esos otros aportes, pues desde el punto de vista genérico, fue artífice de nuevas cosas, de nuevos patrones que aún no han sido estudiados.[21]

Ernesto Galbán Peramo
«Historiador del Arte y profesor de la Universidad de Holguín»

Faustino Oramas fue un juglar mayor que deleitó a generaciones con sus composiciones de un fino doble sentido y que supo sacarles una sonrisa a tantas y tantas personas que escuchaban sus picarescos temas. Considero que el legado de El Guayabero debe conservarse para las nuevas generaciones, pues lo que creaba e interpretaba

[20.] Ricardo Cantalapiedra. *El País,* 8 de agosto de 1994.
[21.] Carlos Puig. Entrevista por el autor. Bayamo, 9 de abril de 2011.

Faustino con su voz y su tres, eran obras musicales con picardía y sin groserías. Ahí radicaba su sabiduría y su talento inagotable de hombre de pueblo, de cantor ocurrente, de sonero, de cubano. Él mostró su gran capacidad artística al conjugar armónicamente la riqueza de los contenidos con la estructuración de un lenguaje y un modo de expresión profundamente popular.[22]

Lucy Durán
«Musicóloga y profesora de la Universidad de Londres»

La música cubana está llena de personajes increíbles. Uno de ellos es el cantante de 78 años de edad de la provincia de Holguín en la Cuba oriental, Faustino Oramas, conocido de otra manera como El Guayabero después de su canción más famosa cuyo título porta el mismo nombre. Oramas canta el son tradicional con su tres, acompañado por un grupo consistente en guitarra, trompeta y percusión; pero lo que le hace diferente de otros soneros es la letra de la canción: ocurrente y de doble sentido. Faustino sobrepasa los seis pies de alto, lleva una chaqueta a rayas y un sombrero Panamá y hasta tiene un brillo en sus ojos llameante. Con una inexpresividad deliberada, él canta de verso en verso extendiéndose de lo sutil para evocar insinuaciones sexuales:
«Cuando una mujer se agacha, su comprensión se abre; cuando un hombre la mira, su pensar se detiene». El canta en una de sus canciones más conocidas, «cuidado con el perro que muerde callaó». Oramas es casi monumental en Cuba y atrae enormes multitudes de gentes en las calles muy contentas dondequiera que él va, pero él insiste en que sus letras son directas y «es usted quien le da el doble sentido».[23]

100

[22.] Ernesto Galbán Peramo. Entrevista por el autor. Holguin, 5 de mayo de 2014.
[23.] Álbum de recortes periodísticos. Fondo El Guayabero, Museo Provincial La Periquera. Traducción del M.Sc. Reinaldo Rodríguez Parra. Profesor Auxiliar de la Universidad de Holguín.

«Hablemos hoy de un criollo juglar»
Mario Romaguera Garrido
Sierra Maestra, Santiago de Cuba, julio 1985

Una figura magra, larga como una vara, de andar parsimonioso y a ratos llena de dificultades en sus movimientos, con un no menos largo y negro estuche colgado de su mano derecha, y con un sombrero de pajilla pintado de blanco, del cual nadie sabe cuántos años lleva sobre su cabeza, invade provincias y municipios del país, especialmente de las provincias orientales y, junto con el grupo que creó desde hace unos años, «pone la cosa sabrosa en cualquier fiesta».

101

Juglar codiciado en muchos lugares, este músico que siempre parece estar triste o por lo menos lleno de melancolía, holguinero para más señas, es un «punto obligado» en los mejores rumbones que se han organizado en Santiago de Cuba en los últimos años.

Ha sido un puntal excelente en nuestras Semanas de la Cultura en la Calle Heredia, ha grabado discos para la EGREM Siboney, y desde hace tres años tiene reservado para sí un rinconcito en Calle H de Sueño, donde en los días de nuestro Carnaval monta su pedacito de patrimonio cultural la hermana provincia de Holguín.

¿A quiénes no les ha parecido que Faustino Oramas es un hombre taciturno y hasta triste? Sin embargo, detrás de esa fachada de innata tristeza, o por lo menos de «hombre serio», fluye una personalidad sui generis de nuestra música popular, corre por sus venas límpida sangre de tradición sonera, y cuando sube a una tarima ese carácter se transforma, para convertirse en el de El Guayabero, trotamundos de la música criolla, maestro de ese atrevido doble sentido que heredamos de la cultura hispana...

De hablar pausado como él mismo, las entonaciones de El Guayabero no son rápidas, pero sí precisas, y cuando todo parece indicar que ese incursionar suyo va a traspasar los límites de lo permisible, entonces se aparece con una modalidad que «pone todo en su lugar» y mantiene su grave apariencia de «hombre de todo respeto», y es cuando a veces proclama en sus cadenciosas décimas: «Si me equivoco me busco una granja». Y he aquí que todo aquel aire peculiar que roza la incomunicación con el público, se rompe como por encanto, al influjo de la magia de sus picarescos sones, mientras su guitarra marca el ritmo, y el bajo y los bongoes de su grupo hacen que los bailadores se «ripien», ya sea en medio del cálido sol santiaguero o el frescor de las noches del norte oriental, y así estaremos un rato admirando al juglar, otros riéndonos con sus «cosas» y los más, pues dando vueltas como un trompo, guiados por el sabroso y cadencioso son que él saca de su ego y del talento artístico de sus eternos acompañantes.

Así lo vimos en el último carnaval, alegrando a todos los que tuvieron la dicha de estar un pedacito de la noche en el área de Holguín; de este modo, seguro que lo verán los propios holguineros, en cuanto llegue allí su jolgorio veraniego.

¿Cuántos años frisa El Guayabero? No lo sabemos, ya que no nos atrevimos a preguntárselo. Mas se nos antoja que Faustino Oramas resiste el paso de los años, porque se ha dedicado a hacer felices a los demás. Y, ¿acaso este no es también un modo de ser feliz y de «saber agacharse a tiempo en cuanto otro almanaque se aproxima»?

Por lo pronto, felicidades Guayabero, y que duren muchos más años esa aparente y muy bien estudiada tristeza, ese sombrero que llevas para contener el fuerte sol, esa guitarra que llevas colgando, esa Marieta que has hecho inmortal y, desde luego, la famosa y muy tuya Yuca de Casimiro.

«Moderno juglar de 74 años»
Fidel Fuentes Rabat
La Demajagua, Bayamo, 29 de septiembre de 1985

Setenta y cuatro años, holguinero, trovador o juglar: sí, eso, juglar de 74 años que recorres la Isla con tu guitarra bajo el brazo desde que tenías 15 años. ¡Bárbara entrega a la cultura nacional!

Un tres es lo que tocas, tres que suena por tres y hasta por más porque 59 años, son ¡59 años!, no en balde eres conocido en cada rincón de nuestra Isla, no como Faustino Oramas, no, sino como El Guayabero, nombre de uno de tus números más populares que es conocido internacionalmente.

«Ay, mamá, cómo vengo este año!», «Si las mujeres tocaran tres le quitaran el mando a los hombres!», «Un compositor que se equivocó», son números que dibujan lo cotidiano y picante en un pueblo criollo como el nuestro. Las distinciones que luces en tu pecho de juglar moderno, con sus hermosos destellos salidos de los acariciantes rayos solares de nuestra Patria, son claras notas del respeto y la admiración que siente tu pueblo grande, Cuba, por ti. Son tres, como el instrumento que tocas, las llevas contigo siempre: «Raúl Gómez García», la de la «Trova», y la de «Octubre Rojo», distinciones que son tres, como tú, tres.

Holguín te ve nacer el 4 de junio de 1911, fecha que ha quedado fija para siempre en el pentagrama nacional. Homenajearte a ti, Faustino, es homenajear a la cultura nacional, y este homenaje, Guayabero, que te dedica Bayamo, es una profundización en la cultura cubana. «Es indispensable no ser ignorante. El generoso azuza; pero sólo el sabio resuelve. El mejor sabio es el que conoce los hechos».

Este pensamiento de nuestro Héroe Nacional José Martí nos afianza en creer que tú eres uno de esos mejores sabios porque conoces los hechos y el porqué de tus canciones.

103

«Humor y amor en El Guayabero»
Pedro de la Hoz
Vanguardia, Santa Clara, 18 de mayo de 1987

Siempre lo he tenido por un príncipe recio y espigado, y en lo alto unos ojos serenos, como eran los príncipes del viejo Calabar antes de la llegada del arcabús.

Pero cuando desenvaina el tres se convierte en otro hombre. Desde el fondo transparente de sus gafas, salta una mirada socarrona y en el semblante asoma la ironía.

Sus dedos ágiles se deslizan por las cuerdas con una síncopa incomparable, todo y nada de ancestros tam-tam y picaresca: montuno oriental, cubano…

«Faustino Oramas, El Guayabero»
Félix Contreras
Bohemia, 26 de mayo de 1989

Quienes lo conocen bien, se van a morir de envidia cuando lean este relato y se enteren que pasé el día entero con Faustino Oramas... perdón El Guayabero. Y quienes no, me van a envidiar esas 24 horas junto a ese ser que si no es el más generoso, alegre, transparente y ocurrente de este mundo, se le parece bastante. Unas horas antes la proverbial gentileza holguinera le había avisado mi visita y él, como si esperara a un premio Nobel o a un mandatario, sacó la vajilla, adornó la mesa, preparó ese mejunje que él bautizo «lechita» y que sólo la brinda «a quien me hace el honor de visitar mi casa». Estaba eufórico y no era para menos: el último disco de Silvio Rodríguez, afiches y cariñosas dedicatorias sobre la mesa, atestiguan la admiración del joven trovador por el viejo sonero, que lo había visitado también ese día en la mañana.

«Qué artistas son esos muchachos de la Nueva Trova —dice hablando bajito, con ademanes y gestos corteses que anudan en él lo artístico y lo humano—, son unos fenómenos. Esos Pablito, Silvio, Virulo, son del alma mía. Le ronca el mango, mira si son grandes, que yo raspé mi tres junto a Pablito en una actividad musical allá en Bayamo».

Anárquico, intuitivo, espontáneo y nunca ni una pulgada fuera de la corrección, es imposible mantenerlo sentado, pues, «no, qué va, pal carajo, si yo lo único que traje a este mundo es cantar y raspar el tres. ¿Entrevistarme?... Si yo fuera doctor...» —planta una enorme caja de galleticas con crema en el centro de la mesa, e invita: «Vamos, coman, que la compré con mi plata y mi plata yo la echo palante». Luego llama a Austergusilia, la sobrina, y le pide otro brindis de lechita para la visita y acota: «Nombrecito el de mi sobrina, parece de novela antigua, de esas que raspaban antes las mujeres empachadas de romanticismo... Pero, coman, beban, que de todas formas van a hablar, y si hablan que hablen, que de Dios hablan y nadie le ha visto la figura».

[...]

Sobre él no dice ni esta boca es mía, de los mil sinsabores que sufrió en el pasado no habla y, mucho menos de los triunfos y glorias que a pura pregunta se lo sacamos.

[...]

Lo visitó la crítica y periodista inglesa Lucy Durán, que cazadora de «esos personajes increíbles de la música popular cubana», lógicamente fue corriendo hasta la capital holguinera a conocerlo. Imagínense, asombro de todos los colores agarró a la visitante ante aquel negro reflaco, con seis pies y pico de estatura, comedidamente extrovertido, buen mozo a pesar de sus años y diciéndole cosas como esta (que ella entendió): «Cuando una mujer se agacha/ se le abre el entendimiento/ y al hombre que la mira/ se le para el pensamiento». Él tiene total razón. Es uno quien pone el otro sentido. Los moralistas lo tildan de frívolo, chabacano. Total, como si eso fuera ajeno a la vida. Por eso sus aliados mejores, las patrullas avanzadas de su arte, son los jóvenes, los poetas, la gente culta que entiende por cultura también lo auténticamente popular. En suma, el mismo pueblo de donde él extrae sus creaciones sui generis. Sus colegas más jóvenes, ni hablar, lo adoran. Y él les paga con un respeto que le llega hasta las lágrimas... «¿Quién Pablito, Pablo Milanés?... ese es mi hijo, y Silvio es mi sobrino».

Naturalmente, un ser así, con esa elegancia que hace recordar la belle époque, tocado con ese excéntrico sombrero a lo Maurice Chevalier (él mismo versión prieta de Maurice Chevalier), gusta mucho a las mujeres, que son el tema predilecto de sus obras y con las cuales establece pronto relaciones afables, y por supuesto, ese flirt visual, «sin el cual, mi negro, yo no puedo vivir, porque las cosas más perfectas de este mundo son tres: las mujeres, las flores y la música». Aquí miente, porque la fraternidad, la amistad, vale lo mismo que su tres para él... «Ah, y la amistad, tiene razón, no lo olvido: es que eso está en mi ser».

[...]

¿En cuántas composiciones suyas aparecen esa inocente desfachatez, esos sobreentendidos que se popularizan inmediatamente? Él mismo no conoce la cantidad... Se saca el sombrero de pajilla (único en uso en Cuba) y enumera con esos enormes y flaquitos dedos: «¡Ay, candela!», «Cómo vengo este año», «Tumbaíto», «En Guayabero», «Mañana me voy»...

Me doy cuenta que la inactividad para él es pura y fúnebre monotonía; como cuando él amenaza una fiesta y la gente sabe que llegó el galop final, cuando lo notan ido, ausente y ahí mismo el público conoce que es la hora de irse. Por eso lo invito a dar un paseo por la ciudad (Holguín es la maravilla de plazas en Cuba) que él lleva justamente en mitad del corazón. Ni corto ni perezoso, a ratos estamos en la preciosa plaza mayor o Parque Mayor General Calixto García... Allí, prácticamente sumergido en la multitud, advierto que eso es todo cuanto él puede soñar: darle a su gente el regalo de su arte. Lo saco del grupo, muy bajo le pregunto:

—¿Esto es la felicidad?

—Quizá —me responde.

«Cubanía y gracia en los cuentos y canciones de EI Guayabero»
5 de septiembre, Cienfuegos, 19 de octubre de 1990

En la primera fecha de la Jornada por el Día de la Cultura Cubana —miércoles por la noche—, se presentó en función única en el Terry el popular intérprete Faustino Oramas, El Guayabero, acompañado por su grupo musical, recorriendo ahora los municipios de la provincia.

De nuevo los cienfuegueros pudimos disfrutar del peculiar arte que hace este espigado moreno oriental, que rehúsa ponerse viejo y sigue ofreciendo esos cadenciosos sones llenos de ritmo y saber, en cuyas letras —décimas y cuartetas— pone una nota de gracia y picardía criollas a través del doble sentido y el juego de palabras.

El grupo acompañante, integrado por otros cinco músicos y una cantante, demostró acople en números tan conocidos como «Rita la caimana», «Como baila Marieta» y el ya antológico «En Guayabero». El tres, las tumbadoras, bongoes, bajos, maracas, trompeta, claves y cencerro, se combinan y alternan con buenas voces para entregar legítima cubanía.

Como era de esperar, la sala del centenario teatro acogió a un público, aceptable en cantidad teniendo en cuenta que era un día entre semana y la divulgación fue tardía, además entusiasta y espontáneo en risas y aplausos, no obstante tener que lamentar gritos e impertinentes frases emitidas desde el primer balcón por dos o tres espectadores carentes de elementales normas de educación formal.

«Al habla con un personaje»

Minutos antes de salir a escena, conversamos brevemente con el veterano artista, enfundado en su níveo dril cien, con cuello y corbata, medallas al pecho y el sempiterno sombrero de jipi. Nos recriminó no saber sacar cuentas, pues asegura tener solamente 46 años, aunque nació el 4 de junio de 1911, exactamente en Cuba y Pepe Torres, en la ciudad de Holguín, «rinconcito» donde ha preferido mantenerse a pesar de las ofertas desde la capital del país.

¡Santa palabra!, nos dijo Oramas al preguntarle sobre la jubilación, agragado: «Solamente me retiraré cuando me tiren la tierra encima, pues la fianza que tengo prestada aquí, todavía vale».

Nos contó del origen de su sobrenombre, cuando por enamorado tuvo que correr allá en Guayabero, cerca del central Julio A. Mella, delante de un guardia rural machete en mano. Habló de los 64 años cultivando ese gustado género, de la gira que hace por toda la Isla y los proyectos para visitar España y otras tierras del Caribe.

Por último, antes de despedirse nos encargó recuerdos «para mis veinte mujeres que tengo numeradas con un cartelito al cuello y me esperan en la puerta».

Luego, con la «seriedad» que lo caracteriza afirmó: «Yo no imito a nadie y tampoco digo lo que la gente piensa». Indiscutiblemente Guayabero solo hay uno: Faustino Oramas.

«El Guayabero deleita a los pinareños»
Adalberto Cabrera Espinosa
Pinar del Río, 1990

Faustino Oramas Osorio, El Guayabero, se presenta de nuevo en nuestra ciudad capital junto a su valioso grupo, que con un dominio total de nuestra mejor música popular le sigue en sus mantenidos recorridos a todo lo largo y ancho de nuestra patria y en ocasiones a hermanos países donde goza de generales simpatías.

Hablar con Faustino es disfrutar de su verbo fluido, de sus anécdotas, cuentos y parodias. Nos aclara que el número que tanta popularidad le ha ganado no es El Guayabero, sino En Guayabero, lugar del actual CAI Julio Antonio Mella —antiguo central Miranda—, donde un cabo de la guardia rural pretendió cobrarle las atenciones que con él tuvo una linda trigueña, mencionada en el número musical de su inspiración que popularizara el desaparecido Pacho Alonso y su orquesta.

Faustino, en aquellos duros tiempos, para subsistir se trasladaba junto a otros tres compañeros a los centrales azucareros en los días de cobro, y en sus habituales recorridos llegaron al mencionado lugar donde tocaban y aceptaban propinas.

La trigueña a que hace referencia era mujer del cabo, a quien le informaron de las deferencias y amabilidades que la misma tenía con los músicos y este le invitó a que si había compartido con ella lo hiciera con él también, pero para ello tenía que tomarse un litro de ron.

El intérprete no consume bebidas alcohólicas, así que imagínense en qué aprieto se vio, además de que el cabo no pagaba lo que consumía y el dueño del bar le aconsejó en bien de los dos que abandonara el lugar. Ni corto ni perezoso siguió el consejo y surgió el número «En Guayabero».

Recuerda los duros tiempos en que, desde muy temprano y guitarra en mano, tocaban horas y horas para obtener de personas como él algunos recursos para subsistir. Hoy labora para el Centro provincial de la Música de Holguín, lugar donde nació el 4 de junio de 1911.

Finalizadas sus actuaciones en nuestra provincia, Faustino y su grupo se presentarán en un espectáculo en el habanero teatro Carlos Marx, de donde proseguirán al Festival de la Toronja en la Isla de la Juventud.

En Guayabero brindará su arte a los pinareños nuevamente en la Casa de la Trova durante tres días a partir de hoy.

«El Guayabero-Santa palabra»
Somos Jóvenes. Año XII, No. 4, p. 6

Tiene una increíble imaginación picaresca, más un extraño y muy guayaberesco método de versificación. Hace maravillas con la rima, estimulando la picardía del auditorio.

> *Fui a darle una serenata a*
> *a Juan el hijo e´ Dominga b*
> *y se despertó de un modo c*
> *que si no corro me mata a*

El truco está en que parece que va a rimar con Dominga, pero sorprendentemente, se vira para primera y rima con serenata, cogiendo a todo el mundo fuera de base, sin que la cuarteta pierda coherencia y dejando a la vez, el mensaje implícito [...]

Otras veces rima con la segunda línea en un A, B, A, B perfecto y, sin embargo, dice lo inesperado, sin dejar de decir todo lo que quiere decir:

La hija soltera de Urbano a
hizo un trato con Angulo b
que le diera por el piano a
el carretón con el mulo b

[...] Pablo Milanés en homenaje que en los años 80 le dieron en Bayamo a Faustino Oramas dijo: «Muchas cosas le debemos a los trovadores cubanos como El Guayabero, ejemplo de continuidad, que todavía aporta a la cultura cubana, gente como El Guayabero, para nosotros siempre ha sido motivo de inspiración por la frescura que mantiene [...]».

«El Guayabero, la boca llena de risa»
Bladimir Zamora Céspedes
El Caimán Barbudo

Casi llegando a la medianía de los años 60 del siglo pasado, llegué a Bayamo a comenzar estudios secundarios. Venía del pleno campo, de estar esperando siempre lo imprevisible, desde el maratón inmenso donde a la vera del río Cauto, por lo menos desde el siglo XVIII, se empezó a cuajar el poblado rural llamado Cauto del Paso. Y claro, ya caminando por una ciudad multicentenaria, con los ojos iluminados con muchas más imágenes que en el rincón de mi nacimiento, me interesé por buscar las piedras de toque de la identidad de esa ciudad. Justo en ese plazo vi por primera vez a Faustino Oramas, a quien todo el mundo reconocía como El Guayabero
   Aquel hombre alto y delgado, tocado con un sombrero pariente del jipijapa, y siempre con un tres al hombro, me pareció una de las más singulares formas de ser de los hijos de Bayamo. Y tuve entonces más seguridad de ello cuando empecé a gozar de las ininterrumpidas jornadas del carnaval bayamés. Allí, en la encrucijada de las calles Saco y Pío Rosado, o en la de Zenea, llegando a la Guariana, tuve mi iniciación con el canto y el toque de El Guayabero. Después de que orquestas regionales o del más alto rango de la nación habían desatado ante los anhelantes bailadores lo más convidador de su repertorio, este hombre se subía a la tarima con la única compañía del tres, y comenzaba una función que podía llegar hasta el amanecer.

109

Entonces, su modo de tocar el tres, su voz rasgada por el aguardiente, los versos de muy aguzado filo humorístico y la sabia manera de nutrirse del peregrinar por los incontables parajes de sus paisajes, me eran desconocidos. Solo me sorprendía su capacidad de dejar inmóviles a los numerosos bailadores, a quienes desde su llegada, nada les era más grato que su discurso musical de entrañable picardía criolla. Todavía a estas alturas, el entrañable músico cubano Pacho Alonso no había cantado sus temas emblemáticos lo que, por supuesto, significó un contundente espaldarazo para el autor de «Mañana me voy pa Sibanicú».

Pasó el tiempo, y un águila por el mar, como se dice con sencillo desenfado popular, y vine a La Habana a estudiar. Volví a Bayamo ya sabiendo que Faustino Oramas era un importante hijo de la provincia de Holguín, y que su forma de tocar el tres, heredera de las maneras originarias de hacer el son en el Oriente de la Isla, tenía una definición tan particular, a la altura de otros treseros clásicos como Isaac Oviedo y Arsenio Rodríguez. Por eso fue que me sentí muy alegre en el otoño de 1978, en la celebración de la primera Semana de la Cultura de Baracoa, al verlo caminando por la Villa Primada con las mismas energías que le conocí desde un principio. Y en demasía al escucharle, sin hacer caso del tiempo transcurrido, en el Hotel de la Rusa, las coplas ya clásicas y las repentinas improvisaciones que las circunstancias le incitaban.

Bueno, nada, que uno, como el mismo Faustino, vive moviéndose, y estuve de nuevo en la capital del país. Así se produjo la posibilidad de que en diciembre de 1990 yo viajara a Madrid, para participar en un encuentro de revisteros culturales de Hispanoamérica. Ya tenía yo mucha satisfacción asistiendo a aquel nutritivo contacto, celebrado en la legendaria Residencia de Estudiantes, cuando recibí una llamada telefónica de la representante de Santiago Auserón, sin duda, figura preponderante del rock español. Él quería verme y acepté la concertación de la cita, pero ignoraba qué interés podría tener en intercambiar palabras conmigo.

Lo que son las cosas... Santiago había estado hacía pocos días en Cuba y en alguna tienda encontró un casete con la música de El Guayabero. Y él, que ya venía tratando de encontrar las claves de la realización del rock en idioma español, quedó muy bien impresionado. El son de raigambre originaria que es visible en el quehacer de Faustino, lo animó a producir un disco con su música, para que en España se entendieran las capacidades del son para propiciar el más pleno desempeño del son en nuestra lengua.

Al final, quedamos en que era mejor sacar al público hispano y del resto de Europa una antología de los más importantes cultores del son cubano, y donde, por supuesto, aparece una composición de Faustino. Por culpa de falta de perspectiva de la disquera, el proyecto que estaba en principio concebido para unos catorce volúmenes, se quedó en cinco. Y lo más penoso ahora: nunca llegamos a hacer el disco consagrado a El Guayabero. Sin embargo, cuando esta colección se presentó en la capital española en febrero de 1992, Faustino estuvo presente.

Tengo la dicha de haber viajado con él, desde aquí hasta un Madrid que nos recibió con desafiantes copos de nieve. Dos días después se hizo el lanzamiento de la antología *Semilla del Son*, en el centro nocturno El Sol. Todavía en ese tiempo se ofrecían discos de vinilo, casetes y empezaban a enseñar la oreja los emergentes discos compactos. El fin de fiesta de aquella noche fue un concierto de El Guayabero. El salón estaba colmado de jóvenes de la era Almodóvar, y sentí mucho temor de que este añejo juglar, a quien había visto campear por su respeto en Bayamo y cualquier otra plaza de Cuba, no fuera capaz de hacer tierra con aquella gente. Pues no. Con sus canciones de siempre, con esos pícaros versos, que no por casualidad ya con anterioridad me parecieron de linaje quevedesco, gozó con todos aquellos muchachos y solo paró cuando los dueños del local dijeron que no había tiempo para más.

Todo lo contrario que expresar que «de aquellos polvos nacieron estos lodos», la presentación de la colección *Semilla del Son* hizo posible la realización del proyecto «Encuentro del Son» en el Madrid de 1993. Fue entonces cuando apareció Jesús Cosano, uno de los más enteros promotores culturales de España y, en especial, de Andalucía.

Ya venía él, desde antes, tratando de explicarse la familiaridad entre nuestro son y la más característica música del sur español; pero, sin duda, el contacto vivo con los músicos cubanos lo acabó de determinar a celebrar, desde su gerencia en la sevillana Fundación Luis Cernuda, el «Primer Encuentro entre el Son y el Flamenco» en el verano de 1994.

El Guayabero, a quien a inicios de ese año hubo que amputarle una pierna, no renunció por ello a la invitación de la iniciación de ese foro. Dando una muestra de voluntad entera por el servicio bohemio de la música, llegó a Sevilla, en donde hasta las propias camisetas que identificaban el evento exponían su efigie guitarra en ristre.

La última conversación que sostuve con Faustino Oramas debió ser en el año 2000. Fui a su casa de Holguín, enrolado en un proyecto de documental, que nunca después supe si había llegado a condición de obra terminada. A pesar de sus condiciones físicas, dificultad para moverse y poca audición, aquel hombre, sin duda, el último de nuestros trovadores itinerantes a la manera de los viejos siglos griegos, mantenía intactos su humor y la hidalguía. Lo que más me impresionó en ese momento fue su respuesta cuando le pregunté, siendo ya tan añoso, a quiénes agradecía en la concreción de su carrera musical. Sin darle curvas a la respuesta me dijo: «Agradezco a Pacho Alonso, que cantó mi música, anunciando mi llegada de Oriente a Occidente de Cuba. Y al músico español Santiago Auserón, que confió en la importancia de hacer sonar mi música en su tierra».

En el goce, su «buen tumbaíto» y al pie del kilómetro cero de la Carretera Central he escrito todas estas líneas que están arriba.

Las he ido hilvanando desde las primeras horas del día, a poco de saber que, siendo marzo 27 —el día en que se estrenó la primera «Bayamesa», en 1851—, El Guayabero ha muerto en su ciudad. Hombre, da pena no poderlo volver a saludar, digamos de manera convencional, pero a esa muerte no le tengo ningún miedo. Lo que nos queda en la memoria de su vocación andariega y las pocas y definitorias grabaciones de sus obras, que nadie nos podrá arrebatar, dan perpetua seguridad de su presencia.

«El doble sentido lo pone usted»
Mario Jorge Muñoz y Joaquín Borges Triana
Bohemia, 2006

No hay otro. «Y tampoco lo habrá», aseguran orgullosos sus compatriotas músicos de Holguín, ciudad donde Faustino Oramas, el mítico Guayabero, ha vivido los 95 años que cumple este domingo 4 de junio. Nacido en 1911, el «Rey del doble sentido», como lo reconocen trovadores y humoristas cubanos, festejará su onomástico junto a su pueblo y otros importantes músicos del resto del país, que por estos días viajaron a la Ciudad de los Parques para compartir con el legendario juglar, a quien está dedicado el III Festival y Concurso Música con Humor.

Hombre sencillo, El Guayabero es uno de los artistas más queridos por el público cubano, de ahí que le fuera conferido el Premio Nacional de Humorismo en el año 2002. Alto, flaco pero nervudo, este negro con figura quijotesca es autor de sabrosos sones y guarachas, que algunos no creerían salidos de la imaginación de un músico autodidacta.

Caballero andante con su guitarra al brazo, llevó su gracia y su música a los más disímiles puntos de la geografía cubana.

Faustino Oramas sintetiza la imagen viva del «típico jodedor cubano». Sin embargo, son pocos los que pueden asegurar que lo han visto sonreír en alguno de sus conciertos.

Apasionado por las mujeres, a las que aún considera una de sus principales fuentes de inspiración, el autor de la popular Marieta y de En Guayabero —que le dio el apodo—, entre muchos otros temas famosos, comenta que «le gusta hacer que la gente se divierta», sin comulgar con la chabacanería.

Con una sordera «de cañón» que lo ha seguido al ritmo del almanaque —pero no le ha impedido continuar con su canto— y padeciendo «algunos achaques propios de la vejez», el popular compositor, con más de setenta años dedicados a la música, confiesa sentirse «bastante bien, guapeando».

Quisiéramos que nos hablara de su llegada a la música.
¡Oh!, eso es largo.
Tenemos tiempo...
¿Seguro? Empecé a los 15 años, con el Septeto Tropical, de Benigno Mesa, tocando maracas y haciendo coro. En ese grupo estuve bastante tiempo.
¿Siempre vivió en Holguín?
Sí, toda la vida. Nací el día 4 de junio.
¿De qué año?
¿Qué?... (Se ríe). El 4 de junio de 1911.
¿Y cuándo comenzó a cantar vivía de la música o tenía algún otro trabajo?
Que recuerde, son muchos años con el tres y cantando. Pero antes, de muchachito, fui tipógrafo, trabajé en una imprenta.
¿Siempre se dedicó al son montuno o hizo también otras cosas?
Son montuno toda la vida.
¿Por qué lo prefiere?
Siempre me dediqué a eso. Me interesó siempre la música típica cubana.
¿Y por qué las letras más cercanas al choteo, al humorismo cubano?
El doble sentido lo pone usted. Yo digo una cosa y usted piensa otra. Lo que está pensando yo no lo puedo decir. Es a usted al que le gusta pensar otra cosa de lo que yo digo.
¿Se considera un humorista?
Bueno, eso dicen ellos. Yo hago lo que siempre he hecho.
¿Sus temas surgen a partir de vivencias personales o salen de historias que suceden a otras personas?

Algunas sí me han pasado; por ahí uno se inspira y sale el numerito. Otras me las cuentan los amigos, la gente. Después el número llega al público, y si gusta, entonces está hecho.

¿No ha tenido problemas por los textos, gente que se haya ofendido, por ejemplo?

Un día con un guardia rural en un carnaval en la provincia de Santiago de Cuba. Dijo que yo estaba cantando relajos. Estaba descargando en una tarima cuando viene abriéndose paso por el público un teniente y me dice que no puedo seguir cantando relajo. «Relajo, qué relajo», le dije yo. «Eso que está cantando es relajo», repitió. Le pedí que subiera a la tarima. Él lo hizo, le di un lapicero y un papel para que apuntara. Me ordenó que cantara lo mismo que había terminado de cantar. Le dije: «Bueno». Y canté, mientras apuntaba: «Yo vi allá en Santa Lucía, bañarse en un arroyo —anote ahí— a una vieja que tenía cuatro pelitos en el moño». Entonces le pregunté si dudaba de lo que había escrito: «Porque no puede dudar de mí. Si puso otra cosa es asunto suyo». El público comenzó a chiflar y tuvo que irse.

114   No crea, me han pasado algunas boberías como esa: en un carnaval en Gibara querían lanzarme al mar. Yo canté: «Las mujeres de Gibara son bonitas y forman rollo, mucho polvo y colorete y no se lavan la cara». Y comenzaron a gritar que me fuera... Si no es por la policía, me tiran al mar. Aquí, en Holguín, también tuve mi problemita con una familia donde casi todos eran tuertos, bobos y el carajo... Había uno, Silvino, que era el más rebelde y todo lo cogía en serio. Pero Benilde, buen amigo mío que tocaba el tres conmigo y era tuerto, todo lo tiraba a relajo. Le saqué una cosa que decía más o menos así: «La familia de Benilde es completa. Marcelino y Benilde son tuertos, Aníbal tiene pata de palo, Silvino los brazos virao's, Enrique mañoso, loco; por desgracia la vieja es lisiá; el viejo tiene dos bigotes que parecen dos pencas de coco; el caballo... no puede con dos sacos de carbón. Benilde tiene un perro loco que le faja a la pata de la silla». Imagínate, Silvino la cogió con ir adonde yo cantaba y se escondía con una cabilla para ver si tocaba el número ese. Tuve que perderme unos meses de Holguín, me estaban velando.

¿Por qué le dicen El Guayabero?

Porque saqué el número En Guayabero, que se hizo famoso. Ahí, en el central Mella, que antes era Miranda, había un pobladito que le decían Guayabero, una colonia de caña. Antes se usaban los pagos de colonia, que le decían quincena. Y yo cogía del grupo a tres músicos más y salíamos desde el primero hasta el día 15 recorriendo centrales, buscando plata. En las cantinas, el dueño nos daba un tanto y nosotros buscábamos un poco más dinero con los mismos bailadores.

Pero llegamos a Guayabero y en la cantina había una trigueñita que parece que le gustaba lo que yo estaba haciendo. Ella nos atendió muy bien, nos dio unos cuantos tragos. Pero resulta que era mujer de un cabo, y antes un cabo del Ejército era como un presidente en una colonia de esas. Y un cotilla le dijo que su mujer no andaba clara, que estaba dándonos licor. Fue a donde yo estaba y me dijo que tenía que tomarme un litro con él. Le dije que estaba equivocado, que nosotros andábamos buscando dinero y que no estábamos buscando borrachera. Entonces él respondió que si habíamos tomado con su mujer, teníamos que tomar con él. En eso llegó otro cabo que no era de allí y se lo llevó porque había una bronca. Pero antes de irse le dijo al cantinero que me diera lo que quisiera. Cuando regresó me preguntó si había tomado. Le contesté que un litro. Nosotros habíamos hecho una combinación con el cantinero para que llenara una botella con agua y nos lo diera delante de todo el mundo, para que el público creyera que nos estábamos tomando el licor. Pero qué va... Volvió a decirnos que teníamos que tomarnos un litro con él. En eso el cantinero nos llamó: «Vengan acá, tenía que decirles una cosa que se me había olvidado. Miren, si pueden irse uno a uno, váyanse, porque este cabo cuando no tiene a quién darle se pega él mismo». Y así lo hicimos. Por el camino fue que vino: «Trigueña del alma no me niegues tu amor, trigueñita del alma dame tu corazón... en Guayabero, mamá, me quieren dar».

¿Qué compone primero, la letra o la música?
La letra me da el pie, a partir de ahí le pongo la música como sea conveniente.

¿Qué música le gusta escuchar?
Me gusta toda la música, para mí toda es buena. Pero lo mío es el son.

¿Y entre los autores?
Pacho Alonso, el difunto Pacho, que además echó pa' lante al Guayabero. En una sola palabra, el que me hizo el número fue él. Porque adondequiera que iban los peloteros del team Cuba, ahí estaba Pacho tocando la canción con Los Bocucos. Después él grabó el número con su orquesta. Hizo famoso el tema, la verdad. También me gusta Ibrahím [Ferrer].

Dicen que mantiene buena amistad con Silvio Rodríguez y Pablo Milanés...
Esos no son hermanos míos, son mis hijos. Silvio, Pablo y toda esa gente son mis hijos. Mano a mano, ahí. Los quiero mucho. Y ellos, según me han

115

demostrado, me tienen buen aprecio. Mira, ahí están los dos. Lee lo que dice ahí (señala a una de las paredes de la casa donde junto a una de sus caricaturas cuelgan dos viejos afiches de los trovadores cubanos): «Para Faustino Oramas, maestro de maestros, de su deudor, Silvio Rodríguez», dice de puño y letra en uno de ellos.

¿De los jóvenes?

Ahora han nacido muchos muchachos buenos. Y es más, tocan cualquier instrumento. Antes decirle a un muchacho que cogiera un bongó era ofenderlo, decirle que tocara un tres era ofenderlo. Tenía que ser piano, guitarra, trompeta o algo que piensan que es lo más importante. Ahora no, ahora cualquier muchacho te toca una tumbadora. Hay muchos y tocan bueno. Te pones a oírlos y no sabes con cuál quedarte.

¿Recuerda la primera vez que grabó un disco?

Ahora te voy a decir... ¿cuándo fue la primera vez, carajo?... Fue en Santiago de Cuba, por el año 85, por ahí.

¿Le gusta que otros músicos canten sus canciones?

Como no, ya lo creo, es negocio. Porque además de que la cantan y la gente la oye, me cae dinero. Cuando menos te piensas llega un chequecito.

¿Sigue componiendo?

Alguna bobería, pero estoy tranquilo ya. Cumplí 59 años (se golpea suavemente con el puño en la cara. Y sonríe).

¿Cuál ha sido su mayor felicidad como músico?

Cuando Pacho me grabó *En Guayabero*; cuando Ibrahím me grabó *Ay Candela* y *Mañana me voy pa' Sibanicú*. Como músico eso. Eran grabaciones para mi público, que gustaban. Eso es una felicidad. Porque la alegría de uno es que el número salga bien, pero también que lo toquen otros, y otros más lo estén escuchando. Eso es...

En su vida deben haber muchos buenos momentos...

Para qué te voy a contar eso. Son tantas las cosas que se unen en mi mente que no puedo ni empezarlas a decir. Han pasado muchas cosas. Son 59 años que ya tengo. Déjame tocar madera (vuelve a golpearse en la mejilla).

La Casa de la Trova de la ciudad lleva su nombre, ¿qué opina de eso?

Mira, en España han hecho un monumento a mi persona. La gente va, mira, vienen y me lo dicen. Yo me río de eso. Si es negocio... Ellos ganan dinero porque es una propaganda. Pero para mí también es propaganda. El Guayabero, el músico, que si esto, que si lo otro... Y todo el que ve la estatua lo que hace es reírse.

Realmente se siente bien, porque hay mucha gente que lo quiere y está preocupada por su salud.

Hace unos días estuvieron jaraneando sobre mi persona en la Casa de la Trova y dijeron que yo cumplía 101 años, que era uno de los viejos más viejos de aquí. Mira pa' eso, relajo conmigo, quién lo iba pensar, se aprovecharon de que no estaba.

Pero se ve fuerte, ¿volveremos a escucharlo?

Vamos a ver. La vida está llena de sorpresas. Va y sí, puede que no. Porque desde arriba te vienen a buscar y no avisan. Ella no entiende. Cuando le haces falta, te dice ven, y no puedes decirle que no. Porque a esa no se le puede decir que no. Hay que ir.

¿Cree que hay Guayabero para rato?

Bueno, es posible. Ya tengo 59 años, puede que cumpla alguno más. Usted se fijó que toqué madera.

Madera fuerte...

Y de la buena (se vuelve a reír).

117

«Mal pensado de fila»
Amado del Pino
Tomado de Internet

Esta no será una crónica con abundancia de recuerdos personales. Nunca entrevisté al genial Faustino Oramas, ni creo recordar ninguna conversación con el genial trovador. Si me han llegado algunas anécdotas de primera mano, es porque uno de los hijos de mi amigo —dramaturgo y holguinero— Carlos Jesús García (Carlín) formó parte de la agrupación musical de El Guayabero. Supe por esa sana vía que aunque su edad fuese tan avanzada y el oído pareciera no responderle en la vida cotidiana, había que estar muy atento para seguir el ritmo de sus improvisaciones.

Ahora que ha muerto, que nos quedamos sin el buen chiste que hubiese sido verlo llegar al centenario, despedir al cantor oriental me desata varias certezas y preocupaciones. El Guayabero representa la quintaesencia de una tradición riquísima de cultura popular, del ingenio criollo que se opone —sobria, pero tenazmente— a la retórica o a las fronteras mentales que, de vez en cuando, asoman la cabeza. El mismo nombre que lo inmortalizó ya se sabe que viene de los celos de un guardia rural, un hombre torpe que amenazaba con usar el poder para reprimir al artista. Sí, porque allá en la finca nombrada Guayabero, la ira tenía que ver con unos celos corrientes, pero sospecho que también con la ceguera del torpe, la saña del pretencioso ante los encantos del arte.

Allí le querían «dar», cantó para siempre Faustino, pero salió ileso de esa y de otras trampas y lo que le «dio» su público durante décadas fue amor, aplausos, complicidad.

Ahora recuerdo que una amiga —que andará cerrando con donaire su cincuentena— me contaba que en su adolescencia los muy «finos» (la gente «fista», dirían en mi Tamarindo; «pija», en España) le aconsejaban que se alejara de aquel hombre vulgar que recorría Cuba con su guitarra. El creador genuino siempre insistió en que sus coplas eran ingenuas, que éramos los oyentes o bailadores los mal pensados que las teníamos de erotismo o picardía. En mi infancia —arrancando los sesenta— la aclaración nos parecía válida pero totalmente de broma. Es decir, parecía claro que el llamado «doble sentido» funcionaba como una forma de hacer sutil la presencia sexual o transgresora, dada con una gracia que la ponía a salvo de los censores a la vez que abría la verja al regocijo de los cómplices admiradores de la danza de Marieta o de cualquiera de esas deliciosas criaturas y situaciones. El Guayabero nos representaba a nosotros los cubanos de a pie: alegres, desenfadados, ardorosos y sí, mal pensados. En este joven siglo —cuando la grosería tiende a convertir en explícito lo que siempre fue dulcemente picaresco— vuelvo a las coplas del inmortal trovador y vengo a entender mejor sus razones. En la obra de El Guayabero hay, en efecto, ingenuidad, dulzura, candor. Como mismo agredió a santurrones muchas veces, tal vez hoy funcione como un llamado a la lírica popular, una forma de contrarrestar lo obvio a la hora de comentar un hecho o elevar un elogio cantable al cuerpo de una preciosa negra, que nunca dejará de bailar en nuestros corazones.

«A El Guayabero, esté donde esté, lo mismo en el cielo que en el infierno»
Kaloian Santos Cabreras
Tomado de Internet

Ahora mismo, en algún lugar, don Faustino debe estar dándole dolores de cabeza a «la pelona». Seguro que la muerte, muy señorona ella, debió venerarse ante él cuando vino a buscarlo. Créame, usted, que si había alguien que propinaba a cada rato a la «Parca» un... ¡golpe directo al mentón...! ese era Faustino Oramas. Una vez dijo: «Es la filosofía de la vida. Nadie se escapa. Cuando el tren para en tu puerta, no vale que "llévate a mi hermano que está más viejo", "déjame vestirme" o "a ver si me pelo"... Ahí no hay escapatoria. Viene de golpe y porrazo». Así de versado era el hombre. Claro, si sigo enunciando a Faustino Oramas de seguro es conocido por pocos; pero si digo «El Guayabero, rey del doble sentido», es aclamado por muchos. ¿Por qué el rey del doble sentido?

Marieta a mí me pidió
tres pesos con disimulo
Y me dijo que me pagaba
con el tiempo y... sin apuros.

119

O esta que no es tan famosa.

Dos mujeres el otro día, formaron una gran disputa
Dos mujeres el otro día, formaron una gran disputa
Y una le dijo a la otra, te van a matar por... bruta.

Entonces entre las carcajadas de los presentes El Guayabero le decía al público: «Los mal pensados son ustedes. Santa palabra».

Como parece ser tradición en la mayoría de nuestros trovadores, las canciones salidas de sus liras son poco grabadas. A pesar de contar con cierta fama añeja, Faustino no fue la excepción. Grabó muy pocos discos, dentro de los que resaltan una recopilación de su obra titulada En Guayabero y El tren de la vida, su última producción. Picando sus ochenta es que algunos sellos, sobre todo EGREM, se empeñan en registrarlo en sus catálogos. Así quedó fonográficamente en más de una docena de discos de diferentes artistas. Es quizá el legendario *Buena Vista Social Club* la producción más importante donde se encuentra un tema suyo, «Ay, candela», interpretado por Ibrahím Ferrer: «Faustino Oramas y sus compañeros, / necesitan que me apaguen el fuego». También quedó su obra en antologías, entre las que se destacan *El gran tesoro de la música cubana. Vol. IV y V; Grandes voces del son cubano. Vol. II; Pacho Alonso* y *El Guayabero, Cuida'o con el perro* y un homenaje de artistas orientales pertenecientes al sello Areíto. En nuestro Holguín estaba vivito y todavía algo coleando la última vez que lo vi. Fue hace unos meses, acababa de cumplir los 96 años con que se fue. Se notaba la carga de casi un siglo, pero mantenía su estampa elegante, presidida siempre por su sombrero de pajilla. Para ser sincero más que verlo y visitarlo fue una intrusión de mi parte en una de sus últimas tardes. Luego supe que su estado de salud declinaba y vinieron los ingresos intermitentes hasta que escuché en Radio Reloj: «El emblemático trovador cubano Faustino Oramas falleció a las 06:30 horas de hoy martes 27 de marzo, luego de más de 30 días ingresado en la Sala de Cuidados Intermedios del Hospital Vladímir Ilich Lenin, de su natal Holguín».

Otro intruso fue el que me llevó ante el autor de *Como baila Marieta*. Era su vecino Leandro Estupiñán, posiblemente uno de los últimos periodistas que lo entrevistó. Curiosa entrevista esa.

El periodista llevó bien estudiado su cuestionario y el entrevistado respondió apenas algunos puntos con oraciones cortas, y a otras preguntas, él lanzó a la desbandada frases incoherentes, pero llenas de humor. Hay un pasaje ya casi famoso sobre Internet.

Mi motivo primero era poder hacerle fotos sin molestarlo mucho. Si se podía, tratar de hablar con él. Porque, vamos, que El Guayabero es de esos bardos que de a poco van quedando. La sesión de fotos pasó sin problemas y las palabras se tradujeron en sus sonrisas. Nos mostró su guitarra nueva, pero rayó su vieja caja con cuerdas, esa llena de pegatinas, la que debe tener tantos años como él. «Ya no quiso cantar y si usted le ponía —así de literal— una guitarra entre las manos, solo lograba del viejo unos pocos acordes. Y que murmurara o, mejor, que cantara dentro de su cerebro la emblemática Marieta», escribe Leo sobre ese día.

También hizo los acordes inspirados en aquella escapada de un pueblo del oriente cubano llamado Guayabero (hoy con el nombre de Mella). Y todo debido a sus ínfulas de Don Juan. Solo que en esa ocasión se atrevió a conquistar a la mujer del cabo de la guardia rural: *Trigueñita del alma no*

*me niegues tu amor, / trigueñita del alma dame tu corazón, / nunca pienses
que un día/ pueda yo olvidarte. / ¡En Guayabero, mamá, me quieren dar!/
¡En Guayabero, mamá, me quieren dar!* Se dice que no fue su única conquista, tampoco fue su única canción
ni el único romance con una comprometida. Se dice más, tanto que hasta
se han llegado a fabular leyendas en su nombre. Ahora, con su descenso,
especulan que eso de los 96 años es solo en carné de identidad, que en la
vida real, el viejo trovador pasó de largo por el siglo y ya le había robado
tres años al nuevo. Una muerte nunca es bienvenida, pero, óigame, El
Guayabero las tenía reclaras con ese refrán popular de «vive la vida que es
una sola». Ya lo avizora otro bardo, lo que más joven: «Como dice El Guayabero, filósofo popular:/ Oiga, la vida es un pasaje de ida a la eternidad».

«Santas palabras de un holguinero singular»
Paquita de Armas
La Jiribilla, 2007

Holguineras y holguineros con más de sesenta años recuerdan que antes
de 1959 en el parque Calixto García —el más céntrico de aquella ciudad—
se daban dos vueltas, una alrededor de unos bancos, en la que paseaban
muchachas y muchachos de cierto abolengo, y la otra, más ancha, por la
que transitaban pobres y negros. No faltaba el joven apuesto y pudiente,
que detrás de una mulatita o una sirvienta, fuera parte de la rueda grande.

Ir al parque entonces —y ahora— ha devenido una suerte de rito: allí
se flirtea y también es un lugar de citas de todo tipo. Hoy, por supuesto, no existen vueltas divisorias. Dos amigos de cualquier color pueden
quedar en encontrarse en una de sus esquinas, o en un banco específico,
para luego seguir la rumba del sábado o el domingo. Y aunque los que
más abundan de noche son jóvenes, el Parque que así se le dice al Calixto
García, aunque haya muchos más, sirve a las más diversas generaciones
de descanso o lugar para refrescar con alguna brisa en tardes tórridas. Fue
precisamente en el Parque cuando una noche vi a Faustino Oramas, El
Guayabero, vestido con un saco azul oscuro por arriba de la camisa blanca
y con su tres tomado por la garganta con su mano grande y negra. Una de
mis amigas de la secundaria básica José Martí —racista como una buena
cantidad de holguineros— lo señaló y dijo: «Mira ese negro que cree que
canta y solo dice groserías».

Si hoy yo dijera que salí en defensa de El Guayabero mentiría. Tampoco lo hice cuando empecé a trabajar a principios de los años setenta en el periódico Ahora, y su presencia dividía las opiniones: tipógrafos, cajistas, impresores y algún periodista lo trataban de artista; los otros decían que todo lo que decía era vulgar y soez, sin ningún aporte cultural. Cuando fui a estudiar a Santiago de Cuba, en las noches que pasé en la Isabelica, centro de reunión de trovadores y poetas, fue que aprehendí a El Guayabero. Todavía tengo intacta la memoria de un día que empatando una canción con otra, nos dieron las cinco de la mañana y la mayoría eran del juglar holguinero, que sin estar presente fue el gran protagonista. No creo que yo sea una excepción. Pienso que para muchos de mis coterráneos El Guayabero pasó de ser el «negro flaco con doble sentido» al trovador original y raigalmente cubano, que con su picaresca humorística logró enamorarnos de una manera de hacer el son. Mirando hacia atrás me pregunto cuántos sinsabores tuvo que sufrir Oramas antes que fuera reconocido como artista. En Holguín desafió un doble problema: los rezagos racistas de una ciudad nacida entre blancos hacendados españoles, con muy pocos esclavos, y ser intérprete del son, con un doble sentido que en mentes mediocres y mal pensadas hacía que fructificara lo vulgar, sin que lo soez estuviera en las frases de El Guayabero.

Claro que buena parte de su vida la pasó en el camino como típico juglar. De pueblo en pueblo andaba, viviendo de «el cepillo» y con la aventura de acostarse donde lo cogiera la noche. Así tuvo amantes, novias y líos como la trigueña que conoció en Guayabero, casada con un cabo de la policía, y que sirvió para la canción homónima, interpretada años después, en 1960, por Pacho Alonso y que le dio la vuelta al mundo, para alegría de su compositor que ya había perdido su nombre original.

Quizá, como él mismo decía, la interpretación de Pacho le sirvió para ser conocido, pero no fue hasta 1985 que grabara un disco, aunque ya por ese año recibía toda la atención de las autoridades de su Holguín natal. Así, en vida, por suerte, recibió todos los homenajes: medallas, premios, invitaciones y atención individualizada.

Pero creo que el tributo mayor a El Guayabero ha sido el reconocimiento de sus compatriotas que lo han reconocido como suyo desde lustros atrás. Al final la historia hizo justicia y Faustino Oramas devino para holguineras y holguineros el hijo brillante y mundialmente conocido, que con humor logró que la música cubana se afianzara en el sitial que merece. Y no por esperado fue menos impresionante su sepelio. Las cámaras enseñaron varias cuadras llenas de personas y otras decenas asomadas en balcones y azoteas, todas —viejas o jóvenes, negras o blancas— diciendo adiós a su juglar, el que les hizo reír y les tomó el pelo por décadas, con ese singular doble sentido dibujado con santas palabras que nunca dieron cabida al mal gusto o lo pedestre.

«Faustino Oramas y la jungla del tiempo»
Leandro Estupiñán
Tomado de Internet

Los últimos meses fueron para Faustino Oramas (El Guayabero) una especie de jungla tupida, de pantano por el que avanzaba cuando se lo permitía el vacilante suelo. El primer indicio de andar por una estepa de desánimo lo dio a su asistente y amigo Cecilio Peña: «No quiero cantar», rezongó. Y Cecilio lo repetía constantemente: «No quiere cantar más». Y agregaba: «Está un poco vago». Lo decía en broma, como para jaranear con el viejo jaranero. Pero Faustino apenas podía escucharlo. Se mantenía inmutable en su sillón, en la sala de su casa, mirando el suelo.

Así lo encontré el pasado verano cuando el trovador cumplía 96 años (o los 103 que le atribuyen). Faustino no estaba ya para hacer bromas. Lo suyo era el dolor interno, el recuerdo que persigue a los seres humanos al final de sus días y su sordera. Cada día sentado en el sillón, mirando el televisor u oyendo el radio (o haciendo como que veía, como que escuchaba). Intenté hacerle una entrevista, que al final hice, solo que nunca intervino en ella con algo más que discretos monosílabos. Mi suerte fue encontrar, además de Cecilio, a Santana Oramas Osorio, primo y músico de la orquesta, un negro divertido, quien palmeó un hombro del viejo trovador para asegurarme: «Este viejo es un sala'o. Es un pillo». Dejaba claro que en su andar por el mundo, en su paso por los bares, El Guayabero había redoblado aquello que en su sangre había de negro y español. Era el rey del doble sentido.

Aprendió a tocar el tres con Pepe Osorio. Trabajó en el conjunto Los Diablos. Luego se aventuró en dispersas controversias mientras trabajaba en un comedor de nombre El Guachinango. Descendía de una familia longeva. Hasta principios del año pasado se mantuvo en activo. Lo había dicho en una entrevista: «Me tengo que morir divirtiendo al pueblo, esa es la consigna que me hice».

Cada noche lo llevaban a la Casa de la Trova (que lleva su nombre). Lo conducían a la tarima donde le ayudaban a sentarse, a acomodarse, a concentrarse. Entonces, iniciaba los rasgueos en su guitarra y comenzaba a murmurar todas esas canciones por él tantas veces repetidas. A veces, viéndolo, me pregunté cómo pasaban las letras por su cabeza. Porque un día podrían amontonársele las palabras provocando tal embotellamiento en su cerebro que la lengua terminaba trabada, y ese doble sentido podría dejar de ser doble para volverse de un único y claro significado. Pero no le ocurrió. Nunca pudieron vencerle quienes en la ciudad lo acusaban de ser un grosero. «Eso lo piensa usted. No yo», se defendía ante los criterios de que sus canciones estaban pobladas de palabras ofensivas. Se valía del doble sentido y, siempre, del son montuno para enredarnos la lengua con su juego verbal cubanísimo. Sus letras representan lo que se denomina «tradición trovadoresca», interpretadas en antologías como el caso de Buena Vista Social Club, donde Ibrahím Ferrer cantaba «Candela», «La yuca de Casimiro», «Mañana me voy pa' Sibanicú» y «Marieta» lo volvieron tremendamente popular. En Holguín hubo un club donde la gente recordaba sus canciones. En El Rincón de El Guayabero se cantaba, se bailaba, se amaba. La gente hacía todas esas cosas que gusta hacerse en los clubes nocturnos. Pero ha pasado el tiempo. Hoy no existe ese club, y el propio Faustino zumbaba: «Bien que se pasaba allí».

Hermanos y parientes iban a visitarlo porque comprendían que su tío, aunque se movía poco, era historia musical viviente, imagen de una época que parece haber quedado en el olvido: tiempo de esquinas llenas de gente que bebía ron en las cantinas junto a acordes de guitarras. Por todo el Oriente cantó. Después se expandió su música por Cuba. En España tiene zonas donde es una especie de ídolo.

El día de mi visita, El guayabero fue un hombre cortés. Eran pocos quienes acudían a verlo. No se quejó, pero pudo hacerlo. Cecilio lo hacía por él: «En otras provincias se preocupan más». El viejo proverbio del profeta que no lo es en su tierra. En su ciudad natal Faustino era, de tan normal, a veces imperceptible.

Al final, apenas pudo atenderme, y se disculpó por ello. Fue Cecilio quien conversó, quien revivió anécdotas, viejos recuerdos. Pero quería hablarle, oír su voz.

«¿Sabe que hasta en Internet pueden encontrarse datos suyos?», le pregunté.

Me mira El Guayabero, con sus clásicos ojos de bóvido, rostro de gente pícara, esa seriedad: «¿Cómo?», pregunta. «Internet, ¿sabe?» «¿Internet?», repite él, calmoso. «Internet», le confirmo yo. «Internet», casi le grita desde su sillón Cecilio. «Internet», murmura él. Parece habernos entendido y averigua: «¿Esa ya se murió?».

Casi un año después, complicado de salud, pero mostrando una increíble resistencia murió en su ciudad natal. Me recordó el suyo, a un velorio del pasado, de esos que alguna vez vi a través de viejas fotografías: bandera cubana, fotos, flores, gente iluminadas levemente, contrastando con la arquitectura antigua del edificio. Estuvo expuesto por veinticuatro horas en La Periquera, emblemático edificio de la ciudad, frente al parque Mayor General Calixto García. Para verlo (u homenajearlo) cientos de holguineros desfilaron junto al féretro, acompañado por familiares, amigos, su música.

Si algo hay que agradecer de su muerte (porque la muerte también se agradece, a veces) es que mientras duró el sepelio no se escuchaba otra música en los alrededores que su música, la música cubana. Había un ambiente amable, al amparo de una noche suave y húmeda.

A la mañana siguiente, centenares de personas lo acompañaron al cementerio. Un asfalto humano cubrió las calles. Se vieron sombrillas, cámaras y su grupo musical tocando. Había muerto el trovador holguinero más popular y conocido: Faustino Oramas (El Guayabero), Premio Nacional de Humorismo, poseedor de múltiples condecoraciones; ese señor bien viejo al que encontré en su casa, cabizbajo, como armando un rompecabezas mental. Parecía un pobre anciano. Sin embargo, sé que, aun sin hablarme, mirándome con unos ojos que parecían pesarle, él (más jodedor que cualquiera) entonaba:

Allí llegó una viejita
que ya contaba setenta
y según sacaba cuenta
decía que era señorita...

Principales distinciones recibidas

- Medalla Raúl Gómez García, 1981

- Premio Egrem al Mejor Disco de Música Tradicional, 1983

- Distinción por la Cultura Nacional, 12 de octubre de 1988

- Orden Félix Varela de Primer Grado, 1991

- Premio Nacional del Humor, julio de 2002. Hacha de Holguín

- Medalla de la Ciudad de Las Tunas

- Placa José María Heredia, Santiago de Cuba

- Medalla del Museo del Cacahual, Boyeros, Habana

- Medalla Aniversario 60 de la CTC

- Medalla del Municipio Guanabacoa

- Medalla XXX Aniversario de la Jornada Cucalambeana, 6 de julio de 1997

- Medalla de la Ciudad de Ciego de Ávila

- Medalla Homenaje Especial Cubadisco, 2006

- Escudo de la provincia Holguín, 2000

- Sello de Laureado, Sindicato de Cultura

- Premio Memoria Viva Especial del Centro Juan Marinello, 2003.

- Aldabón de La Periquera, Holguín, 1991

- Gallardete de la Casa Natal de Antonio Maceo, Santiago de Cuba, 1980

- Trofeo Baibrama Especial, Sectorial Municipal de Cultura, Holguín

- Diploma de Artista de Mérito de la UNEAC, 2001

- Medalla Octubre Rojo, CTC Provincial de Holguín, 1987

- Gallardete del Carnaval de Bayamo, 1980

- Distinción X Aniversario del Movimiento de la Nueva Trova, 1982

- Diploma por sus 50 años de vida artística, Festival del Son, Santiago de Cuba, 1982

- Trofeo a la agrupación más destacada en el carnaval de Las Tunas, 1983   127

- Placa de la Televisión en Holguín

- Trofeo del Sindicato de Cultura en la provincia Holguín, 1984

- Placa del Festival Cervantino, Guanajuato, México, 1991

- Medalla Lázaro Peña de la CTC, 1991

- Premio Siboney, Egrem, Santiago de Cuba, 1995

- Premio Abril, 1999

- Placa del Ayuntamiento de Calasparra, Murcia, España, 2005

- Sello XX Aniversario de la AHS, 2006

Además, recibió más de un centenar de diplomas, gallardetes, placas, cuadros, caricaturas, obras de artesanos, pintores, caricaturistas, escritores que les fueron entregados en diferentes eventos culturales, giras y homenajes a lo largo de la Isla, así como en otros países por instituciones y admiradores. La mayor parte de las mismas se encuentran en los fondos del museo provincial La Periquera y en el restaurante-museo Santa Palabra de Calasparra, Murcia, España.

Discografía

Ordenar y clasificar los aportes de Faustino Oramas Osorio, El Guayabero, al universo discográfico cubano e internacional es un trabajo complejo y aún inconcluso. Pese a que como intérprete realizó pocas grabaciones, su presencia en discos de numerosas figuras y agrupaciones, así como en antologías y compilaciones de música cubana realizadas por la Egrem y otros sellos cubanos y extranjeros es significativa.

Por otro lado, la mayoría de esos registros han sido realizados en años relativamente cercanos, por lo que no existen referencias en estudios tan socorridos como los realizados por Cristóbal Díaz de Ayala. No obstante, esas y otras limitaciones, que por ahora nos impiden poner en sus manos un resultado más abarcador y preciso, aquí les ofrecemos un primer acercamiento, luego de numerosas pesquisas en colecciones privadas y estatales, Internet y otras fuentes confiables.

Aunque incompleta, la incluimos, pues la consideramos valiosa para los interesados en este tema. En ella confirmamos la existencia de importantes grabaciones no recogidas en trabajos precedentes relacionados con este creador y relevantes figuras de nuestra música como Pacho Alonso. Ese es el caso del disco LP grabado por este último en 1965, donde recoge la primera versión, en tiempo de pilón, que este gran cantante santiaguero hiciera de *En Guayabero*. Ese disco, realizado para comercializar en Europa, ni Díaz de Ayala ni otros estudiosos lo han incluido en sus escritos por una u otra razón.

En cuanto a los títulos y la paternidad de las obras, enmendamos los errores comprobados. El Guayabero, por ejemplo, nunca grabó «El tumbaíto» sino «Tumbaíto». El crédito a los autores que legal y jurídicamente les corresponde, en el caso de la primera, es Pepé Delgado y Faustino Oramas; «Tumbaíto», por su parte, es totalmente de Faustino Oramas, y «Cuidado con el perro» es originalmente una guaracha de Virgilio González, que el juglar holguinero recreó a su estilo. Reiteramos que su primer apellido es sin (s), pero aquí transcribimos según fueron publicados.

Discos de larga duración (Ld) como intérprete

El Guayabero. Faustino Oramas. LD 224

Estudios de grabaciones Siboney, Egrem, Santiago de Cuba, 1983
Producción: Lic. J osé J. Padilla Sánchez
Técnico de grabación: Oscar Pérez López

Todos los sones incluidos son de la autoría de F. Oramas.

- En Guayabero / 10.58
- Como baila Marieta / 7.58
- Contigo mi china / 4.26
- Como vengo este año / 6.21
- Las mujeres de Bayamo / 4.17
- A Félix Solano / 4.35
- Yo toco el son / 4.00
- A María Elena / 3.57

El Guayabero, Faustino Oramas. Sones del humor popular. LD 342

Estudios de grabaciones Siboney, Egrem, Santiago de Cuba, 1987. Producción: Lic. José J. Padilla Sánchez
Grabación y mezcla: Ingeniero Eligio E. Rodríguez
Diseño: José Beltrán
Todos los sones incluidos son de la autoría de F. Oramas, excepto «Cuidado con el perro», composición de Virgilio González

Cara A

- Tengo para todas / 12.38
- El palito de la alcancía / 4.07
- Oye el consejo / 4.17

Cara B

- Mi son retozón / 7.22
- Siempre en la cola / 6.08
- Cuidado con el perro / 8.20

El Guayabero, Faustino Oramas. LD 466

Estudios de grabaciones Siboney, Egrem, Santiago de Cuba, 1989
Producción: Raúl Campos
Técnico de grabación: Emilio Martínez Calzado
Auxiliar: Manuel Rondón Arias
Todos los sones son de F. Oramas, excepto «Cuidado con el perro», composición de Virgilio González

Cara A

- En Guayabero / 0.26
- Mañana me voy / 3.56
- Compositor confundido / 4.27
- Tumbaíto / 5.04
- Pagando y pirando / 4.00

Cara B

- Cuidado con el perro / 8.20
- Como baila Marieta / 7.37
- Los abuelos se rebelan / 3.12
- En Guayabero / 0.45

Discos compactos (cd) como intérprete

Disco CD-0162 El Guayabero, sello EGREM, año 1996

Producción: José J. Padilla Sánchez-Raúl Campos
Grabación: Emilio Martínez y Eligio E. Domínguez

Excepto «Cuidado con el perro», de Virgilio González, todas las composiciones son de la autoría de Faustino Oramas. Este CD fue producido con grabaciones realizadas en Santiago de Cuba en la década de 1980.

Grabaciones en casetes

Faustino Oramas, El Guayabero. C 229 Egrem 1996

Producción: Raúl Campos y José Padilla. Grabación: Emilio Martínez y Eligio Domínguez
Estudios de grabaciones Siboney, Egrem, Stgo. de Cuba
Todos los temas están compuestos por F. Oramas, excepto «Cuidado con el perro», de Virgilio González

Cara A

- En Guayabero / 0.26
- Mañana me voy / 5.26
- Tumbaíto / 5.04
- Cuidado con el perro / 8.20
- El palito de la alcancía / 4.07

Cara B

- Compositor confundido / 4.27
- Como baila Marieta / 7.37
- Los abuelos se rebelan / 3.12
- Mi son retozón / 7.22
- En Guayabero / 0.45

Faustino Oramas, El Guayabero. Colección Las voces del siglo, Egrem, 2003

Producción general: Jorge Rodríguez
Notas y diseño gráfico: Sigfredo Ariel
Edición: José Pérez Lerroy

Autor de todas las composiciones: F. Oramas

Cara A

- En Guayabero / 10.58
- Como baila Marieta / 7.32
- Contigo mi china / 3.24

Cara B

- Como vengo este año / 6.58
- Las mujeres de Bayamo / 4.08
- Yo toco el son / 3.50
- A Félix Solano / 4.26
- A María Elena / 3.50

En compilaciones y antologías como intérprete

Todas las composiciones incluidas clasifican como sones y están registradas a su nombre, a excepción de «Cuidado con el perro», creación de Virgilio González.

Título	Referencia	Sello, país y año
Como baila Marieta	CD El son es lo más sublime	Aspic, Francia
Como baila Marieta	CD Afrocuban Grooves Vol.1	Nova-Discovery, 2000
Mañana me voy	CD De Cuba te traigo lo mejor	EGREM, Cuba, 2000
Mañana me voy	CD Cuba: 5 sabores	EGREM, Cuba, 2005
Mañana me voy	CD Cuba: 5 sabores	EGREM, Cuba, 2008
Te botaron	CD Cuba, la isla de la música.	España
Cuidado con el perro	CD La ruta del son Eurotropical,	España, 2001
¡Ay, candela!	CD Raíces	EGREM, Cuba, 1998
Las mujeres de Bayamo	CD Grandes voces del son II	EGREM, 2002
Las mujeres de Bayamo	CD El gran tesoro de la Música cubana	EGREM, 2004
Contigo mi china	CD D'hijo Vol. 5	EGREM, Cuba, 2010

Composiciones de su catálogo por otros intérpretes

A excepción de «El tumbaíto», del binomio Pepé Delgado-Faustino Oramas, todas las demás obras están inscriptas en la ACDAM y la SGAE a nombre suyo. No obstante, es oportuno aclarar que este exponente del folklore criollo en sus improvisaciones solía incluir cuartetas y décimas de obras de las más disímiles procedencias.

Título	Intérprete	Referencia	Sello y país	Género	Año grab.
El tumbaíto	Orq. Cubaney	78 rpm	Panart, Cuba	Guaracha	1945
El tumbaíto	Orq. Moncho Usera	78 rpm	Puerto Rico		1945
El tumbaíto	Libertad Lamarque	Con orq.	Cosmopolita Panart.	Guaracha	1946
El tumbaíto	Mirta Silva	78 rpm	Panart, Cuba		4-3-1946
El tumbaíto	Miguelito Valdés	78 rpm	EE. UU.		1946
El tumbaíto	Orq. Anselmo Sacasas	78 rpm	EE.UU.		1946
El tumbaíto	Antonio Machín	78 rpm	Odeón 184	Rumba	1947
El tumbaíto	Antonio Machín	CD Canciones de Oro Alma Latina		Rumba	1995
El tumbaíto	Antonio Machín	CD Cancionero de Oro Blue Moon		Rumba	1995
El tumbaíto	Orq. Pancho Febo		Argentina		1947
El tumbaíto	Orq. Luis Tiranaí	78 rpm	EE. UU		
El tumbaíto	Orq. Xavier Cugat	78 rpm	EE.UU	Guaracha/Son	1951
El tumbaíto	Orq. Héctor Lagna Fiesta		Argentina		
El tumbaíto	Johnny López		México		
Tumbaíto	El Nene	CD 0400 Cuidado con el perro	EGREM	Son	2000
En Guayabero	Pacho Alonso	LD 1035	Areíto, EGREM	Pilón	1965
En Guayabero	Pacho Alonso	LD-3861	Areíto, EGREM	Son montuno	1980
En Guayabero	Orq. Sensación	LD 3079	Gema, EE.UU.		1969 ca.

Título	Intérprete	Referencia	Sello y país	Género	Año grab.
En Guayabero	Héctor Lavoe		EE.UU	Salsa	
En Guayabero	Orlando Marín		EE.UU	Salsa	
En Guayabero	Sierra Maestra				
En Guayabero	Los Guayaberos	CD Dame un chance	EGREM	Son	2007
Félix Solano	Los Bocucos	78 rpm	EGREM	Son	1975
Me voy pa' Sibanicú	Los Bocucos		EGREM	Son	1972 ca.
Me voy pa'Sibanicú	El Jíguero de Cienfuegos	LD4031	Areíto, EGREM	Son	1986
Me voy pa'Sibanicú	Eliades Ochoa	CD Tributo al Cuarteto Patria	Virgin Spain		1999
Me voy pa'Sibanicú	Ibrahím Ferrer	CD0690 Cinco leyendas	EGREM	Son	2005
Mañana me voy (Me voy pá...)	Ibrahím Ferrer	CD0308 Tierra Caliente	EGREM	Son	1998
Mañana me voy (Me voy pa'...).	Ibrahím Ferrer	CD0522 Grandes voces del son II	EGREM		2002
Mañana me voy (Me voy pa'...)	El Nene	CD0400 Cuidado con el perro	EGREM		2000
Mi son retozón	El Nene	CD 0400 Cuidado con el perro	EGREM	Son	2000
No tengo	Los Bocucos	78 rpm	EGREM	Son	1975
Traigo para todas (Niñas y señoras)	Tito Puente	LD Para los rumberos	Tico		1972

Traigo para todas (Niñas y señoras)	Tito Puente			Fania		2006
¡Ay, candela!	Los Bocucos	EGREM		EGREM		1972 ca.
¡Ay candela!	Los Bocucos	CD Cuba Tonight		Envidia, España		
¡Ay, candela!	Ibrahim Ferrer	CD Buenavista Social Club		World Circuit, Inglaterra		1996
¡Ay, candela!	Ibrahim Ferrer	CD0660 El gran tesoro de la Música cubana Vol IV		EGREM	Son	2004
¡Ay, candela!	Azúcar Negra	CD Toque natural		EGREM	Son	2006
¡Ay, candela!	Conjunto 23			EGREM	Son	2007
Son candela	Novel Voz	CD Novel Voz		EGREM	Son	2005
¡Ay, candela¡	Los Guayaberos	CD Dame un chance		EGREM	Son	2007
Contigo mi china	Unión Sanluisera	LD-284 Siboney		EGREM	Son	1983
Compositor confundido	Maravillas de Fla	LP ·········		EGREM		
Compositor confundido	Ibrahim Ferrer	CD Havana Holiday		Escondida	Son	2007
Compositor confundido	Ibrahim Ferrer	CD 0308 Tierra caliente		EGREM	Son	1998
Compositor confundido	El Nene	CD 0400 Cuidado con el perro		EGREM	Son	2000
Por culpa de las mujeres	E. Ochoa y F. Oramas	CD Tributo al Cuarteto Patria		V. Spain		1999
Por culpa de las mujeres	Los Guayaberos	CD Dame un chance		EGREM	Son	2007

TÍTULO	INTÉRPRETE	REFERENCIA	SELLO Y PAÍS	GÉNERO	AÑO GRAB.
El tren de la vida (Son retozón)	Jóvenes clásicos del Son		Unicornio		2005
21 de mayo	Orquesta Revé	LD-4320 Rumberos Latinoamericanos	EGREM	Changuí	1987
Oye el consejo	Ibrahim Ferrer	CD Buenos hermanos	World Circuit, Inglaterra		2001
Oye el consejo	El Nene	CD Cuidado con el perro	EGREM	Son	2000
Marieta	Ibrahim Ferrer	CD Buenavista Social Presenta a Ibrahim Ferrer	World Circuit, Inglaterra		2001
Como baila Marieta	El Nene	CD 0400 Cuidado con el perro	EGREM		2000
Esto se baila y se toca	Ibrahim Ferrer		EGREM		
Siempre en la cola	El Nene	CD 0400 Cuidado con el perro	EGREM		2000
El palito de la alcancía	El Nene	CD 0400 Cuidado con el perro	EGREM		2000
Los abuelos se rebelan	El Nene	CD 0400 Cuidado con el perro	EGREM		2000
Dame un chance	Los Guayaberos	CD Dame un chance	EGREM		2007
Jabá	Los Guayaberos	CD Dame un chance	EGREM	Son	2007
Trilogía de El Guayabero	Septeto Oyaré	CD Mi son elegante	Bis Music	Son	2006
Trilogía de El Guayabero	Cubanos en la Red				

Obras dedicadas a El Guayabero

• «Faustino Oramas», grabación realizada por A. Revé y el Expreso de Oriente e incluida en el disco CD *Cuba Tonight*, grabado en el 2006 en España por el sello Envidia.

• «Un son para El Guayabero», del binomio López y Yara e incluido en varias grabaciones de Ibrahím Ferrer como el CD *Tierra caliente*, Egrem, 1998.

• «Homenaje a El Guayabero», de Delfín Ramos y grabado por el Septeto Síncopa.

• «Trovador guitarra en mano vas», de Pedro García Lupiáñez y grabado en 1990 por Cándido Fabré y la Original de Manzanillo. Disco LD-452 *Guayabita del Pinar*, Estudios Siboney, Egrem, Stgo. de Cuba, 1990.

• «El estilo de El Guayabero», del binomio Jorge Fernández y Pablo Jústiz y grabado por la agrupación Los Naranjos.

• «Cuidao, cuidao», de David Álvarez y grabado por su autor con el grupo Juego de Manos para el sello discográfico inglés Tumi Music.

• «Un son para El Guayabero», de Cleanel Ricardo y grabado por la Orquesta Avilés.

• «Blues de Marieta», de Ernán López-Nussa y grabado por su autor.

• «Cundiamor, son con música de Noel Nicola y grabado por este en su disco LP *Tricolor*, producido por la Egrem en 1988.

• Al Guayabero mi son, grabado por el Septeto Oyaré en el CD Mi son elegante, producido por el sello Bis Music, 2006.

• Honor a El Guayabero, de Alejandro Arencibia e incluida en el CD Abriendo caminos del septeto Son de Nipe, producido por el sello Colibrí, 2005.

• La nave estelar, grabado por su autor Juan Perro (Santiago Auserón) en el disco CD Río Negro, España, 2010.

Textos de algunas de sus composiciones

En Guayabero (Son)
Letra y música: Faustino Oramas Osorio

Trigueñita del alma   137
no me niegues tu amor
trigueñita del alma
dame tu corazón
nunca pienses amor mío
que yo pueda olvidarte,
nunca pienses amor mío
que yo puedo olvidarte
Montuno: En Guayabero, mamá, me quieren dar.
Me case con una enana
Coro: Guayabero
Para el colmo del reír
Coro: Guayabero
Le puse la cama en alto
Coro: Guayabero
Y no se pudo subir
Montuno: En Guayabero, mamá, me quieren dar.
No vayan a San Andrés
Coro: Guayabero
Allí fueron mis dos hijas
y de dos vinieron cuatro.

Montuno: En Guayabero, mamá, me quieren dar.
Un guajiro el otro día
Coro: Guayabero
Llegó a una fonda apurado
Coro: Guayabero
y pidió para almorzar
Coro: Guayabero
seis platos de bacalao
Coro: Guayabero
se comió un lechón asado
Coro: Guayabero
con treinta bolas de queso
Coro: Guayabero
Montuno: En Guayabero, mamá, me quieren dar.
Cuando estuvo satisfecho
Coro: Guayabero
En un jardín se agachó
Coro: Guayabero
y cuando se levantó
Coro: Guayabero
la tonga valía mil pesos
Guía: En Guayabero, mamá, me quieren dar.

Ay, Candela
Letra y música: Faustino Oramas Osorio

Coro: Ay Candela, candela, me quemo ahí.
Solista: Puso un baile una jutía
Para una gran diversión
De timbalero un ratón
Alegraba el campo un día
El gato también venía
Elegante y placentero
Buenas noches caballeros
Siempre fijo pa 'l timbal.
Para el chivo de tocar
Para descansar un poco

Salió el ratón medio loco
También voy a descansar
El gato en su buen bailar
Bailaba un danzón liviano
El ratón se sube al guano
Y dice muy placentero
Ahora si quieren bailar
Busquen otro timbalero (Sobre montuno)
Coro: Me quemo ahí

Mañana me voy a Sibanicú (Son)
Letra y música: Faustino Oramas Osorio

Coro: Mañana me voy a Sibanicú, mañana...
Solista: Señores le contaré
Lo que a mí me sucedió
El susto que pasé yo
Con una perra una vez.
Resulta que me encontré
A un hombre arando una tierra
Y era frente de una sierra
Sierra de aserrar madera
Y no sé de qué manera
Salta y me muerde una perra.
El hombre dejó el taller
Para curarme la herida
Y el animal se me olvida
Y me pongo a hablar con él
Luego me invitó a comer
Carne arroz de la sierra
Pero el hombre va y se aferra
Que no me fuera enseguida
Y al terminar la comida
Me vuelve a morder la perra.
El viejo cogió una tranca
Y con la escoba la vieja
Me dio un palo en una oreja

Y por poco me la arranca
Yo pensé coger vía franca
Y la puerta se me cierra
Y ya encontrándome en guerra
Buscaba mi salvación
Me metí dentro del fogón
Y me volvió a morder la perra.

Mi son retozón (Son)
Letra y música: Faustino Oramas Osorio

Es la vida un tren expreso
Que recorre leguas miles
El tiempo son los raíles
Y el tren no tiene regreso.

En él se embarcan por eso
El viejo, el nuevo y el serio,
El vivo, el del Ministerio
Y el tren a todos complace
Y en las paradas que hace
Los deja en el cementerio.

Como es el tren de la vida
El viaje no tiene fin
Y se entiende el boletín
Tan solamente de ida.

Cuando uno hace su partida,
Que es a gran velocidad,
Le va la conformidad
Desde que sube al andén
Que va a viajar en un tren
Con rumbo a la eternidad.

En él se embarcan señores,
Premieres y mariscales,

Ministros y generales,
Reyes y emperadores;
Los Papas y los doctores,
Potentados con dinero,
Cuando llega un paradero
Que le llaman Camposanto
Allí les tiende su manto
De tierra el sepulturero.

La diferencia del viaje
En ricos y pordioseros
Consiste en que los primeros
Llevan mejor equipaje,
Pero el que a tierra viaje
Con el comer de los días,
Los gusanos con su cría
Le infestan la vestidura
Poniendo a la misma altura
Todas las categorías.

Yo no he podido encontrar
Todavía ni un pobre ni un rico
Que a mí me haya dicho, chico,
Yo no me pienso embarcar.

En él tienen que viajar
La linda, el tipo y el viejo.
De ese fúnebre cortejo
Toditos vamos en pos;
Por eso les digo yo
Levantaremos parejo.

Basta de filosofar,
No sigo más esta rima
Porque ya se me aproxima
La hora de yo embarcar.
Pero les voy a encargar
A los que atrás van quedando

Que embarcarán no sé cuándo
Pero es una cosa fija:
Que no se den mucha lija
Que el tren los está esperando.

La vida no es otra cosa
Que un prolongado gemido,
Nace en la cuna y perdido
Se va a extinguir a la fosa.

Estribillo: Si las mujeres tocaran tres
Le cambian el ritmo a los hombres

Con el son, picachón, retozón,
Qué bien lo baila Marieta.

142

Como baila Marieta (Son)
Letra y música: Faustino Oramas Osorio

A mí me gusta como baila Marieta
Todo el mundo conoce a esa prieta,
A mí me gusta que baile Marieta
Ya to el pilón se acabó con Marieta,
A mí me gusta que baile Marieta...

Marieta por un trabajo
¡Ay Dio!
Me cobraste cuatro reales

¡Ay Dio! (Se repite)
Mi vida eres muy carera
¡Ay Dio!
Yo puse los materiales.

A mí me gusta que baile Marieta
Todo el mundo conoce a esa prieta.
A mí me gusta que baile Marieta

La precisa y me enseña la letra,
A mí me gusta que baile Marieta...

Marieta a mí me pidió
¡Ay Dio!
Tres pesos con disimulo
¡Ay Dio! (Se repite)
Y dijo que me pagaba
¡Ay Dio!
Con el tiempo y sin apuro.

A mí me gusta que baile Marieta
Así sabroso bailando Marieta.
A mí me gusta que baile Marieta
La precisa y me enseña la letra.
A mí me gusta que baile Marieta...

Afínense bien la lengua,
¡Ay Dio!
Que no se les vuelva un nudo,
La hija soltera de Clara
¡Ay Dio!
A diario me mortifica
¡Ay Dio! (Se repite)
El día que yo me incomode
¡Ay Dio!
Le voy a partir la cara.
A mí me gusta que baile Marieta

¡Ay!, con su diente de oro me engaña.
A mí me gusta que baile Marieta...
A mí me gusta que baile Marieta...
Hay un hombre que ha sembrado
¡Ay Dio!
Una yuca y se le ha dado
¡Ay Dio!
De un tamaño regular
¡Ay Dio!

El día que fue a sacar
¡Ay Dio!
Hizo al gobierno un encargo
¡Ay Dio!
Que decretara un embargo
¡Ay Dio!
En aquella sitiería
¡Ay Dio!
Porque la yuca tenía
¡Ay Dio!
Un kilómetro de largo

A mí me gusta que baile Marieta
A mí me gusta que baile Marieta...

Allí fue una comisión
¡Ay Dio!
Y la yuca analizaron
¡Ay Dio!
Y pudieron comprobar
¡Ay Dio!
Que daba buen almidón
¡Ay Dio!
En la misma información
¡Ay Dio!
Preguntaron si en él dio
¡Ay Dio!
Del campo en aquel retiro
¡Ay Dio!
La yuca nació sola
¡Ay Dio!
Y le dijeron que no
¡Ay Dio!
Que el dueño era Casimiro.

A mí me gusta que baile Marieta
Mira mima tremenda yuquita,
A mí me gusta que baile Marieta

Qué sabroso bailando Marieta
Todo el mundo conoce a esa prieta
Mira mima conoce a Marieta,
A mí me gusta que baile Marieta
(Música)
Allí llegaron de Oriente
¡Ay Dio!
Veinte muchachas preciosas
¡Ay Dio!
Veinte verdaderas rosas
¡Ay Dio!
Que perfuman el ambiente
¡Ay Dio!
Hay una precisamente
¡Ay Dio!
La hija de Clodomiro
¡Ay Dio!
Que al verla mandó un suspiro
¡Ay Dio!
Y dijo de esta manera
¡Ay Dio!
Yo sí que me como entera
¡Ay Dio!
La yuca de Casimiro.

A mí me gusta que baile Marieta
Aquí Peralta conoce a Marieta,
A mí me gusta que baile Marieta
Y Santana bailó con Marieta,
A mí me gusta que baile Marieta.

Otra llegó de La Maya
¡Ay Dio!
Por poco se parte un brazo
¡Ay Dio!
Por ocultar un pedazo
¡Ay Dio!
Entre el refajo y la saya

¡Ay Dio!
La otra me dijo calla
¡Ay Dio!
Que yo la miro y la miro
¡Ay Dio!
Por pena no me la tiro
¡Ay Dio!
Pero te puedo jurar
¡Ay Dio!
Que no me voy sin probar
¡Ay Dio!
La yuca de Casimiro.

A mí me gusta que baile Marieta
Todo el mundo conoce a Marieta,
A mí me gusta que baile Marieta...

Allí llegó una viejita
¡Ay Dio!
Que ya contaba setenta
¡Ay Dio!
Y según sacaba cuenta
¡Ay Dio!
Decía que era señorita
¡Ay Dio!

El Guayabero en fechas

4 de junio de 1911
Nace en el seno de una familia humilde fundada por el albañil
José Osorio e Isolina Osorio, ama de casa.

Década de 1920
Estudia hasta el quinto grado en la escuela pública de la notable pedagoga
Teresita Urbino. Los apremios económicos de la familia y las dificultades
traídas por la tiranía machadista, lo obligan a abandonar los estudios y
desempeñarse como ayudante del padre en las labores de albañilería, luego se inicia en la tipografía en el taller del periódico Adelante y en otras
modestas actividades.

1930
Se inaugura la imprenta de José Santos Betancourt, en los fondos de su
tienda El Buen Gusto (hoy sede de la Casa de la Trova), donde labora
varios años a la par que integra grupos soneros, entre ellos el sexteto La
Tropical, el más importante de Holguín en esa etapa.

1933
Se une a Juanita Palacios, su primera compañera sentimental, y madre de
Gladys Oramas Palacios, su única hija.

1936
Funda su conjunto Trovadores Holguineros, con el que durante veinte años
realiza programas en las emisoras de radio de la ciudad, ameniza bailes y
fiestas en sociedades de recreo, colonias de caña y residencias particulares.

1943
Compone «Tumbaíto», su primer son montuno, y dada la popularidad
de la pieza así comienzan a llamarle en Holguín y en otros lugares que
recorre con diversos grupos o solo con la guitarra o el tres bajo el brazo.

1945

El famoso compositor de boleros Pepé Delgado, quien en varias ocasiones trabajó en Holguín con su conjunto, ya establecido en la capital, transforma su primer son, «Tumbaíto», en la guaracha «El tumbaíto». Esta se convierte en una de las piezas cubanas más exitosas de esa década.

1948

Afirman los autores del *Diccionario de la mitología cubana* y otras fuentes que este año conoció a Marieta, la más popular de sus musas, mientras él tocaba en la casa de citas de La China y ella bailaba al compás de sus pícaras improvisaciones y el estribillo que coreaban los clientes del negocio.

1952

Durante quince días del mes de mayo, su conjunto y la Orquesta Hermanos Avilés acompañando a Benny Moré son las principales atracciones de la programación nocturna de la emisora Radio Holguín.

1953

Participa en los programas estelares de la CMKF, La Voz del Norte de Oriente, junto al trío Hermanos Álvarez, Orquesta Tentación, Raúl Camayd, Raúl Ferreiro y otros artistas. En este año presidía la Sociedad de Autores, Editores y Directores de Conjuntos de Oriente.

1955-1958

Desintegra su agrupación y como trovador itinerante recorre la antigua provincia de Oriente. En el caserío Guayabero, cercano al actual central santiaguero Julio Antonio Mella (entonces Mirada), compone el simpático son montuno que lo rebautiza para la eternidad como El Guayabero.

1958

Ostenta el cargo de secretario general del Sindicato de Músicos de Holguín, y según las ediciones del periódico Norte correspondiente al 5 de junio, así como en las del 10, 26 y 29 de julio, realiza ingentes esfuerzos por el subsidio y otros beneficios para los trabajadores del sector, los cuales resultan infructuosos ante los desmanes de Mujal y la dictadura batistiana.

1959-1962

Trabaja con el conjunto Estrellas de Oriente y otras agrupaciones holguineras con las que canta en emisoras de radio, cabaret y fiestas populares.

1962

Reorganiza su conjunto con el que se presenta en centros nocturnos, y junto a Benny Moré y otras figuras y agrupaciones ameniza carnavales y otras celebraciones. Entre ellas las dedicadas, el año siguiente, a recaudar fondos para socorrer a los damnificados por el ciclón Flora.

1964

Durante sus actuaciones en el carnaval de San Germán, hoy municipio Urbano Noris, alterna con Pacho Alonso, quien poco después le graba y populariza, en toda Cuba y otros países, su son montuno «En Guayabero».

1965

Es contratado como trovador solista por el gobierno local de la JUCEI. Realiza presentaciones en la radio y la televisión nacionales, así como en centros nocturnos habaneros. Durante varios años actúa en centros de trabajo, albergues cañeros, fiestas populares e instituciones culturales de diversos sitios del país. Muchas de ellas con El Comedor de Guachinango, en el que alterna con el parodista Carioca y José Antonio Pinares y su grupo.

149

1965-1967

A través de arreglos de Juanito Márquez, Kiko Cruz y otros destacados músicos, figuras y agrupaciones como Maravillas de Florida, Niño Rivera y Cuba Jazz, Eda Quian, Orquesta de la Imprenta Nacional, Sensación, Conjunto Club de Salinas y Neno González, entre otras, se popularizan versiones de composiciones suyas como «Ay Candela», «Como vengo este año», «21 de mayo», «Me voy pa´ Sibanicú», «Como baila Marieta» y «Oye el consejo».

1968-1970

Durante cerca de un año y medio trabaja con el Conjunto Los Diablos. Luego retorna a su condición de solista y continúa sus presentaciones en Holguín y otras regiones del país. Especialmente en Bayamo, ciudad en la que residió por largas temporadas, amó y compuso algunas de sus más populares composiciones.

1971

Invitado por Pacho Alonso canta para los peloteros puertorriqueños que representan a la isla hermana en el Campeonato Mundial de ese deporte realizado en La Habana.

1971-1974

Entre los intérpretes más relevantes de sus obras sobresalen Ibrahím Ferrer con Los Bocucos, Ramón Avilés, la Orquesta Revé y Niño Rivera, quienes graban viejas y nuevas composiciones como «No tengo», «Compositor confundido», «Contigo mi china» y «Oye el consejo». En esta etapa es atracción del cabaret Nocturno, la recién inaugurada Casa de la Trova y otros centros recreativos y culturales.

25 de julio de 1975

Junto a Blanquita Becerra, exactriz y cantante del Teatro Alhambra, inaugura la Casa de la Trova de Holguín; esta institución desde ese día contó con El Rincón de El Guayabero, a partir de entonces su primer espacio fijo.

150

4 de junio de 1977

Afirma cumplir setenta años y se le organiza un homenaje en la Sala Víctor Jara, en el que participan Alfredo (Chiquitín) Morales, el Trío Continental y el Septeto Nacional.

1978

Participa en múltiples actividades con fin de recaudar fondos para la celebración del XI Festival Mundial de la Juventud y los Estudiantes, evento en el que tuvo una participación relevante. Interviene en la Primera Semana de la Cultura en Baracoa. La Revolución le ofrece a muchos artistas veteranos la oportunidad de jubilarse con el salario completo, sin embargo continúa trabajando con el mismo entusiasmo de siempre.

1979

El 25 de julio, en víspera de la celebración del primer acto nacional por el 26 de Julio, ganado en fraterna emulación por Holguín, comparte actuaciones en los bajos de La Periquera junto a las agrupaciones de Enrique Jorrín y Juan Pablo Torres.

El 26 de agosto recibe certificado por el trabajo realizado y la popularidad obtenida durante la II Feria Nacional de Arte Popular efectuada en Sancti

Spíritus. A partir de entonces esa provincia y Ciego de Ávila, también sede de ese evento, reclaman su presencia en esa y otras celebraciones.

1980

En la Jornada Cucalambeana de Las Tunas, de la que se convierte en invitado permanente, alterna con delegaciones musicales de Venezuela, Perú y Panamá. Pacho Alonso graba el disco LP *En Guayabero me quieren dar*..., la obra homónima vuelve a alcanzar gran popularidad en la voz de este versátil intérprete. Este año funda Los Guayaberos, su nuevo grupo acompañante, con el que realiza actuaciones en Santiago de Cuba, Sancti Spíritus, Granma y otras provincias.

1981

Enero. Se presenta en la Isla de la Juventud durante el Festival de la Toronja, evento en el que participa en varias de sus ediciones. Se inaugura El Rincón de El Guayabero, centro nocturno ubicado en los bajos del edificio donde entonces residía —calle Miró, esquina Martí—, allí alterna con valiosos artistas holguineros y otros que visitan la ciudad como la venezolana Lilia Vera.

Julio. Recibe de la Central de Trabajadores de Cuba la medalla Raúl Gómez García.

21 de diciembre. Recibe de Vicente Feliú, presidente del Movimiento de la Nueva Trova, certificado de reconocimiento por su destacada colaboración con los jóvenes trovadores cubanos.

1982

4 de mayo. La Comisión de Evaluación Nacional, presidida por el maestro Rafael Ortega, le otorga por su trayectoria artística la calificación de solista vocalista A en música popular.

22 al 30 de mayo. Participa en la Semana de la Cultura Holguinera en La Habana con actuaciones en el Teatro Nacional, el Parque Lenin y otros escenarios.

21 al 24 de octubre. Participa y es homenajeado en el Festival del Son Ignacio Piñeiro, en Santiago de Cuba.

Este año graba su primer disco LP y da a conocer nuevas obras como «El palito de la alcancía» y «Siempre en la cola». No obstante, la versión que realiza de la guaracha «Cuidado con el perro», del compositor Virgilio González, se convierte en su mayor éxito de esta década.

1983

Como en años precedentes continúa recorriendo el país. En el carnaval de Las Tunas recibe el trofeo de agrupación más destacada, también es objeto de reconocimientos en las fiestas populares de Santiago de Cuba y Ciego de Ávila, así como en varios eventos de la trascendencia de la Jornada Cucalambeana.

23 al 26 de junio. Su cumpleaños reúne en el teatro Suñol a artistas y agrupaciones como Merceditas Valdés, Septeto Nacional, Reynaldo Hierrezuelo y Chepín Chovén y su orquesta.

Julio. Es una de las principales atracciones del carnaval santiaguero, al que vuelve en varias ocasiones junto a otros músicos de Holguín que actúan en la calle H del reparto Sueño.

1984

Bayamo, uno de sus escenarios entrañables, le tributa un homenaje en ocasión del 415 aniversario de la fundación de la ciudad. Allí participa también ese año en el Festival del Son Ignacio Piñeiro.

5 de septiembre. Junto a la orquesta Avilés, Tito Gómez, Caridad Hierrezuelo y otros artistas interviene en el espectáculo inaugural del carnaval holguinero.

1 de diciembre. El periódico *Juventud Rebelde* informa que su primer disco de larga duración, agotado en pocas semanas tras su salida al mercado, es laureado con el Premio EGREM 1983 en la categoría de Música Tradicional.

1985

Graba su segundo disco de larga duración en Santiago de Cuba. Realiza actuaciones para los obreros del níquel en Moa, luego participa en el Festival Internacional de Varadero, la Feria de Arte Popular en Sancti Spíritus y en la Bienal del Humor en San Antonio de los Baños, eventos en los que comparte con Virulo, Pedro Luis Ferrer, Chaflán y otros destacados artistas.

1986

Inicia el año con una gira por la Isla de la Juventud, en febrero es aplaudido durante las actividades del Festival Nacional de Radio y Televisión en Santiago de Cuba. En junio interviene en el Primer Encuentro de Grupos de Trova dentro de la Jornada Cucalambeana de Las Tunas y festeja junto a los holguineros sus setenta y cinco años con invitados como Niño Rivera, Manguaré, Chapotín, Los Naranjos y el Septeto Nacional.

Otro momento trascendente se produjo el 7 de octubre en el Teatro Suñol, con el estreno del documental que le dedicó el prestigioso director de cine Octavio Cortázar.

Muy significativa también resulta su gira por tierras guantanameras y su presencia en el Festival del son al lado de Pedro Luis Ferrer, Pancho Amat y otros trovadores-soneros.

1987

Enero. Junto a su grupo inicia el año reinaugurando El Rincón de El Guayabero.

8 de febrero. Pedro Luis Ferrer le realiza homenaje en el que participa la cantante alemana Regina Toss.

Marzo. Recorre casi todos los municipios de la provincia de Villa Clara e interviene en numerosos eventos y fiestas populares, entre ellos el carnaval de Cárdenas y el Festival del Caribe en Santiago de Cuba.

4 de junio. Frente a la Periquera Eliades Ochoa, Los Chicos de Cuba y otros artistas festejan su cumpleaños setenta y seis.

17 al 20 de julio. Es una de las figuras más aplaudidas en el Teatro Nacional durante la gala artística de Holguín con motivo de la rendición de cuentas ante la Asamblea Nacional del Poder Popular.

1988

16 de enero. En solemne ceremonia recibe El Hacha de Holguín junto a Pablo Milanés y el Teatro Lírico Rodrigo Prats.

21 de octubre. Se le otorga la Distinción por la Cultura Nacional en reconocimiento a su importante contribución a nuestro patrimonio sonoro.

31 de diciembre. Junto a su grupo, cierra la velada por el 30 aniversario de la Revolución realizada en la Plaza Mayor General Calixto García de Holguín.

1989

6 de febrero. Silvio Rodríguez, que por esos días realiza su Gira por la Patria, lo visita en la mañana. Por la tarde el periodista Félix Contreras le realiza entrevista para la revista *Bohemia*.

Graba en los estudios Siboney de Santiago de Cuba su tercer disco LP, donde incluye algunas de sus composiciones antológicas y otras más recientes, entre ellas «Los abuelos se rebelan», elegida como tema de presentación en el programa televisivo homónimo.

Julio. Participa en la primera edición del Encuentro Nacional de Agrupaciones Soneras realizado en Mayarí, evento del que fue invitado permanente y en donde alternó con las más importantes orquestas del país.

1990

Realiza una extensa gira por todas las provincias del país, desde Guantánamo hasta Pinar del Río.

7 de diciembre. Recibe, junto a Raúl Camayd y Félix Varona, el Sello de Laureado, máxima distinción del Sindicato de Cultura.

1991

Junio. Como parte de los homenajes por su ochenta cumpleaños recibe la Orden Félix Varela de Primer Grado.

18 de octubre al 4 de noviembre. Primera gira internacional por escenarios de México. Al regresar expresó: «Vengo contento, muy feliz de mi primera salida a escenarios internacionales, con muchos deseos de estar en Holguín».

El Instituto de la Música le organiza dos impresionantes conciertos el 9 y 10 de noviembre en el teatro Karl Marx, en los que tiene de invitados a la Orquesta Aragón y la orquesta Revé.

15 de noviembre. Recibe la medalla Lázaro Peña de la CTC.

1992

El 21 de febrero realiza, en el centro nocturno madrileño El Sol, su primer concierto en Europa, luego de la presentación de la antología *Semillas del son* (BMG-RCA), producida por el rockero español Santiago Auserón, líder del grupo Radio Futura, gran admirador suyo y de la música tradicional cubana.

4 de junio. Festeja su cumpleaños en el Teatro Heredia de Santiago de Cuba durante una de las galas del duodécimo Festival del Caribe.

1993

Junio. Realiza temporada de actuaciones en el Bar Rosado de Tropicana, Radio Progreso, Teatro Karl Marx y otros escenarios de la capital.

1994

El 8 de febrero le amputan la pierna derecha y seis meses después, el 15 de julio, le implantan una prótesis. En julio participa en el primer Encuentro entre el Son y el Flamenco, organizado por la Fundación Luis Cernuda en

Sevilla, España. Allí alterna con Compay Segundo, Septeto Espirituano y otras figuras y agrupaciones de ambos países.

1995

En ocasión del XV aniversario del sello disquero santiaguero Siboney, recibe el premio homónimo en la categoría Son Tradicional, dada la acogida y la valía de sus grabaciones para el mismo.

1996

Se produce, con las grabaciones realizadas en Santiago de Cuba, su primer CD titulado *Faustino Oramas, El Guayabero,* las palabras de la portadilla son del notable novelista Leonardo Padura. Se graba el famoso disco *Buenavista Social Club,* Premio Grammy dos años después, y en el que Ibrahím Ferrer interpreta su son «Ay candela». Luego este reconocido intérprete le graba «Marieta» y «Oye el consejo» en otros de sus multilaureados fonogramas.

1998

Con el proyecto Cuba es Música, del sello disquero Eurotropical Manzana, lidera el espectáculo del mismo nombre, con el cual realiza la más extensa gira de su vida por Canarias, España, Francia y Holanda. También graba el CD *El tren de la vida.* A partir de este año es incluido en numerosas antologías y discos compilatorios de música tradicional cubana realizados por la EGREM y otras empresas discográficas del mundo.

1999

Canta en el disco *Tributo al Cuarteto Patria,* grabado por Eliades Ochoa y su grupo, el cual obtuvo Premio SGAE, Discos de oro y otros reconocimientos. Durante el Cubadisco '99 actúa en el teatro Karl Marx en la gala por el centenario de la SGAE, junto a Rosario Flores, Celina González, Liuba María Hevia y NG la Banda. También ese año fue invitado al Festival de la Trova Pepe Sánchez, además de recibir el Premio Abril.

2000

El Nene, destacado sonero oriental y exintegrante del grupo Jóvenes Clásicos del Son, graba para el sello EGREM el disco *Cuidao con el perro, Un homenaje a Faustino Oramas,* donde todas las composiciones son de su autoría.

20 de octubre. Junto a la profesora Angélica Serrú, el arqueólogo José Manuel Guarch y el trovador Freddy Laborí (Chispa), recibe el Escudo de la Provincia Holguín.

2001

En ocasión de sus noventa años, es homenajeado en enero durante la XIX Semana de la Cultura Holguinera, le otorgan el trofeo Baibrama, y Omara Portuondo, Ibrahím Ferrer y Eliades Ochoa cantan para él.

Mayo. Sus presentaciones provocan regocijo general en el Cubadisco dedicado a la trova y, posteriormente, en el XII Festival Internacional Benny Moré, realizado en Cienfuegos y en Santa Isabel de Las Lajas, cuna de su sonero preferido.

Junio. El Centro Provincial de la Música y los Espectáculos, que recibe su nombre, funda un evento en tributo a su obra y legado: el Festival Música con Humor.

2002

Marzo. Como parte de la Jornada de la Cultura Holguinera en La Habana, actúa junto a su grupo en Expo-Cuba, el mayor recinto ferial del país, así como en el programa Un domingo con Rosillo de Radio Progreso.

29 de junio. La casa de la Trova de Holguín, uno de los escenarios principales de sus actuaciones desde 1975, recibe su nombre.

Julio. Es laureado con el Premio Nacional del Humor, también este año es nominado al Premio Nacional de la Música.

2003

Holguín festeja desbordante de alegría su cumpleaños noventa y dos con la tercera edición del Festival Música con Humor, evento en el que se estrenan obras en su honor. Pachi Naranjo y la Original de Manzanillo, Eliades Ochoa y el Cuarteto Patria se encontraban entre los invitados.

Es incluido por la EGREM en la popular colección fonográfica *Las Voces del Siglo*.

2004

18 de abril. Como parte de las actividades de Cubadisco, participa en El son más largo, realizado en áreas del estadio Mayor General Calixto García junto a Paulo FG, Cándido Fabré y numerosas agrupaciones de la provincia.

Noviembre. Interviene en el Encuentro de Agrupaciones Soneras de Mayarí, evento donde también participan Frank Fernández, Félix Baloy, Gardy y la Original de Manzanillo.

2005
Enero. Junto a Luis Carbonell, El Acuarelista de la Poesía Antillana, es homenajeado en la Semana de la Cultura Holguinera.
Acompañado de su grupo actúa en Calasparra y Cehegin, ciudades de Murcia, España.

2006
4 de junio. Entre las actividades más importantes por su noventa y cinco cumpleaños, se devela una escultura suya a tamaño natural en el Centro Provincial de la Música y los Espectáculos que lleva su nombre.
20 de octubre. Recibe el Sello XX Aniversario de la Asociación Hermanos Saíz (AHS).

2007
Fallece el 27 de marzo en el Hospital Vladímir Ilich Lenin de su ciudad natal.

Bibliografía

Amador, Efraín: *Universalidad del Laúd y el tres cubano*, Editorial Letras Cubanas, La Habana, 2005.

Contreras, Félix: *La música cubana, una cuestión personal*, Ediciones Unión, La Habana, pp. 122-128, 1999.

Díaz, Mercy y Rosaida Arencibia: *El Guayabero*, Ediciones Holguín-Publicigraf, Holguín, 1995.

Estonel Lamoth, Yaremi: *Guantánamo tiene su changüí*, Editorial El Mar y la Montaña, Guantánamo, 2009, pp. 27 y 35.

Feijóo, Samuel: *El son cubano: poesía general*, Editorial Letras Cubanas, La Habana, 1986, p. 267.

Giro, Radamés: *Diccionario enciclopédico de la música cubana*, Editorial Letras Cubanas, La Habana, 2007.

Hernández Pavón, Zenovio: *La música en Holguín*, Ediciones Holguín, 2000.

Hernández Pavón, Zenovio y Ana Luisa Tamayo: *Como un milagro. La cancionística en Holguín*, Ediciones Holguín, Holguín, 2009.

Linares, María Teresa: *Introducción a Cuba, la música popular*, Instituto Cubano del Libro, La Habana, 1970.

López, Oscar Luis: *La Radio en Cuba*, Editorial Letras Cubanas, La Habana, 1981.

Mateo Palmer, Margarita: *Del bardo que te canta*, Editorial Letras Cubanas, La Habana, 1988.

Orovio, Helio: *Diccionario de la música cubana: Biográfico y Técnico*, 2da. ed., Editorial Letras Cubanas, La Habana, 1993.

Orozco, Danilo: Matamoros y el entorno o lo integrador universal del modo son, Editorial Oriente, 1994.

Palacios García, Eliseo: *Catálogo de música popular cubana*, Editorial Pueblo y Educación, La Habana, 1987, p. 237.

Ruiz, Rosendo: *La guaracha cubana*, Editorial Oriente, Santiago de Cuba, 1992.

Publicaciones periódicas

Acosta, Oni: «¡El Guayabero, mamá!», *Salsa cubana*, Año 1 no. 1, pp. 37-38, La Habana, 1997.

Aguilera, Bienvenido: «Algo de nuestra casa de la trova», ¡ahora!, p. 2, Holguín, 10 de julio de 1977.

Albanés Martínez, Juanito: «Guarachas y guaracheros del viejo Holguín», ¡ahora!, p.3, Holguín, 5 de agosto de 1977.

Anazco, Moisés: «Cortó Blanquita Becerra cinta inaugural de la Casa de la Trova», ¡ahora!, p. 2, Holguín, 26 de julio de 1975.

Banderas, José: «Nuestro mundo», *Norte*, p.11, Holguín, 20 de noviembre de 1953.
--------------------: «Ambiente», *Norte*, p. 2, Holguín, 20 de julio de 1960.

Bartle, Jorge Sergio: «Lanzarán disco con número de Faustino Oramas», ¡ahora!, p. 2, Holguín, 26 de julio de 1981.

Batista, Cornelio: «Aquí», ¡ahora!, p. 2, Holguín, 29 de enero de 1971.
--------------------: «Nuestros artistas. Faustino Oramas», ¡ahora!, p.2, Holguín, 26 de octubre de 1964.

--------------------: «El Guayabero, mamá, me quieren dar...», *¡ahora!*, p. 2, Holguín, 6 de mayo de 1984.

BERAMENDI, Fernando: «Faustino Oramas: El Guayabero, son entero», *¡ahora!*, p.2, Holguín, 22 de noviembre de 1981.

--------------------: «Opinan sobre la Semana de la Cultura Holguinera en La Habana», *¡ahora!*, p. 2, Holguín, 13 de mayo de 1982.

BOLAÑOS Guía, Eddy: «Faustino Oramas habla de música y de El Guayabero», *Sierra Maestra*, p. 4, Santiago de Cuba, 22 de noviembre de 1979.

CARRERAS, Juan Pablo: «Se encuentra en estado crítico Faustino Oramas, El Guayabero», *¡ahora!*, p. 2, Holguín, 17 de marzo de 2007.

--------------------: «El Guayabero con pronóstico crítico», *¡ahora!*, p. 3, Holguín, 24 de marzo de 2007.

CHIÓ, Evangelina: «Faustino Oramas, El Guayabero: Santa palabra», *Revolución y Cultura*, pp. 30-34, La Habana, abril de 1990.

CONTRERAS, Félix: «Rey del doble sentido», *Bohemia*, pp. 34-38, La Habana, 26 de mayo de 1989.

CRUZ, Jorge Luis: «El género guayabero», ¡ahora!, p.7, Holguín, 6 de junio de 1998.

ELIZALDE, Rosa Miriam: «Yo no digo lo que la gente piensa», *¡ahora!*, p. 3, Holguín, 16 de septiembre de 1990.

«Entregan a Pablo Milanés el Hacha de Holguín», *¡ahora!*, p.7, Holguín, 17 de enero de 1988.

«Exitosa presentación de *Para Bailar*», *¡ahora!*, p.1, Holguín, 19 de julio de 1979.

FERNÁNDEZ Moreno, Joaquín: «Carnaval», *¡ahora!*, p. 8, Holguín, 6 de julio de 1989.

FLAMAND, Maribel: «Más por los 80 del Guayabero», *¡ahora!*, p.8, Holguín, 28 de mayo de 1991.

--------------------: «Tres lustros y buena salud», ¡ahora!, p.1, Holguín, 6 de diciembre de 1991.

--------------------: «Sello Laureado a tres trabajadores holguineros de la cultura», ¡ahora!, p. 1, Holguín, 8 de diciembre de 1990.

--------------------: «En España», ¡ahora!, p. 1, Holguín, 22 de febrero de 1992.

--------------------: «Desde ayer música con humor», ¡ahora!, p.7, Holguín, 3 de junio de 2006.

--------------------: «Que cante Faustino», ¡ahora!, p. 7, Holguín, de junio de 2003.

--------------------: «Los 92 del Guayabero», ¡ahora!, p. 7, Holguín, 14 de junio de 2003.

--------------------: «24 horas de son», ¡ahora!, p. 3, Holguín, 22 de mayo de 2004.

--------------------: «Felicidades Faustino», ¡ahora!, p. 3, Holguín, 4 de junio de 2005.

--------------------: «El Guayabero, inmortal», ¡ahora!, p.1, Holguín, 10 de junio de 2006.

FLAMAND, Maribel y Enrique Blázquez: «El son está de fiesta», ¡ahora!, p. 8, Holguín, 24 de mayo de 1991.

GARCÍA Rojas, Eduardo: «Me he propuesto abandonar la música cuando me echen tierra encima», El Día, p. 89, Santa Cruz de Tenerife, 20 de septiembre de 1998.

GORDÍN, Juan Gabriel: «¡Y que siga bailando Marieta», ¡ahora!, p. 3, Holguín, 29 de mayo de 2004.

HERNÁNDEZ, Astor: «Faustino Oramas (El Guayabero), el sonero mayor de la provincia de Holguín», Trabajadores, p. 4, La Habana, 25 de enero de 1986.

--------------------: «Faustino en carnaval», ¡ahora!, p. 3, Holguín, 8 de julio de 1989.

Hoz, Pedro de la: «Humor y amor del Guayabero», Vanguardia, p. 5, Santa Clara, 18 de marzo de 1987.

LEGRÁ, Mildred: «De todo un poco», ¡ahora!, p. 2, Holguín, 11 de febrero de 1975.

LÓPEZ, Reynaldo: «Don Faustino llegó y triunfó», ¡ahora!, p. 3, Holguín, 15 de noviembre de 1991.

LORIET Guerrero, Oscar: «El Guayabero: una estampa viva de nuestro son oriental», Sierra Maestra, p. 5, Santiago de Cuba, 14 de junio de 1987.

MARRÓN, Eugenio: «Inician hoy jornada de homenaje a Faustino Oramas El Guayabero», ¡ahora!, p. 1, Holguín, 23 de junio de 1983.

---------------------: «Continúan actividades por el 72 cumpleaños de Faustino Oramas», ¡ahora!, p. 2, Holguín, 25 de junio de 1983.

---------------------: «Homenajeado Faustino Oramas por su 74 aniversario», ¡ahora!, p. 2, Holguín, 6 de junio de 1985.

---------------------: «Por su 75 cumpleaños. Homenaje a Faustino Oramas», ¡ahora!, p.7, Holguín, 4 de junio de 1986.

---------------------: «Rindieron cálido homenaje a Faustino Oramas», ¡ahora!, p.1, Holguín, 8 de junio de 1986.

---------------------: «Los 76 de Faustino», ¡ahora!, p.7, Holguín, 6 de junio de 1987.

MONTEJO, Marta María: «Fiesta para un juglar», ¡ahora!, p. 2, Holguín, 27 de mayo de 2006.

---------------------: «Cantor de Marieta en España», ¡ahora!, p. 4, Holguín, 17 de septiembre de 2005.

---------------------: «Ecos de una gira», ¡ahora!, p.7, Holguín, 8 de octubre de 2005.

MUÑOZ, Mario Jorge y Joaquín Borges Triana: «El Guayabero santa palabra», pp. 16-19, La Habana, 28 de noviembre de 2003.

ORTIZ, Juan de Dios: «Obreras al día», Norte, p. 4, Holguín, 5 de junio de 1958.

---------------------: «Obreras al día», Norte, p. 4, Holguín, 8 de junio de 1958.

---------------------: «Obreras al día», Norte, p. 4, Holguín, 13 de julio de 1958.

ORTIZ, Roberto: «Magnífico espectáculo artístico cultural inició el carnaval», ¡ahora!, p. 1, Holguín, 6 de septiembre de 1984.

ORTIZ, Pedro: «Miles de holguineros en el recital de Silvio y Pablito», *¡ahora!*, p.1, Holguín, 4 de diciembre de 1984.

PELÁEZ, Rosa Elvira: «Homenaje a conocidos cultores del son», *Granma*, p. 4, La Habana, 23 de octubre de 1982.

PEÑA, Nicolás de la: «La prostitución en Holguín», *¡ahora!*, p. 2, Holguín, 13 de marzo de 1999.

PICHIS Rodríguez, Lourdes: «Concluyó remodelación del típico Rincón del Guayabero», *¡ahora!*, p. 7, Holguín, 6 de enero de 1987.

REYES, Dean Luis: «Los millones de El Guayabero», *Juventud Rebelde*, p. 6, La Habana, 9 de julio de 2002.

RICARDO, Cleanel: «Al habla con un guitarrista, compositor y musicólogo», *¡ahora!* , p. 2, Holguín, 22 de marzo de 1977.

--------------------: «Esto es una muestra de que no me han olvidado», *¡ahora!*, p. 2, Holguín, 6 de octubre de 1982.

--------------------: «Faustino en el Caribe», *¡ahora!*, pp.1-3, Holguín, 6 de junio de 1992.

--------------------: «Faustino vuelve a la carga», *¡ahora!*, p. 2, Holguín, 26 de febrero de 1994.

--------------------: «Último adiós a El Guayabero», *¡ahora!*, p. 8, Holguín, 31 de marzo de 2007.

RODRÍGUEZ, Rubén: «La ¡Santa palabra! del Rey», *¡ahora!*, p. 8, Holguín,12 de junio de 1999.

--------------------: «Día de la Cultura Cubana. Crear es luchar», *¡ahora!*, p.2, Holguín, 21 de octubre del 2000.

--------------------: «¡Santa palabra!», *¡ahora!*, p. 8, Holguín, 17 de marzo de 2007.

ROBINSON Calvet, Nancy: «Cubadisco 99 calidad, cantidad y variedad», *Trabajadores*, p. 11, La Habana, 17 de mayo de 1999.

RONDA, Richard: «El Guayabero se va de gira», *¡ahora!*, p. 3, Holguín, 11 de octubre de 1991.

--------------------: «Casa para el Rey», *¡ahora!*, p. 2, Holguín, 29 de junio de 2002.

--------------------: «Santa palabra», *¡ahora!*, p. 3, Holguín, 31 de mayo de 2003.

RONDA, Richard y Reynaldo López: «Feliz regreso», *¡ahora!*, pp.1-3, Holguín, 6 de noviembre de 1991.

--------------------: «Triunfo en México ¡Santa palabra!», *¡ahora!*, p. 3, Holguín, 9 de noviembre de 1991.

RODRÍGUEZ, Rubén: «Santa palabra», *¡ahora!*, p. 8, Holguín, 17 de marzo de 2007.

SAÍNZ Blanco, Alfredo: «Velada por el Día de la Cultura Cubana», *¡ahora!*, p. 3, Holguín, 22 de octubre de 1986.

--------------------: «En el Rincón de El Guayabero. Un diálogo y una canción para la cultura cubana», *¡ahora!*, p. 7, Holguín, 11 de febrero de 1987.

--------------------: «Caluroso recibimiento a la gala artística de la provincia en el Teatro Nacional», *¡ahora!*, p. 7, Holguín, 18 de julio de 1987.

--------------------: «Para cantarle a los héroes», *¡ahora!*, p. 1, Holguín, 30 de diciembre de 1988.

SÁNCHEZ, Magaly: «El cumpleaños de Guayabero», *Bohemia*, pp. 23-24, La Habana, 8 de julio de 1983.

SÁNCHEZ Cordero, Luis: «Homenaje a Faustino Oramas en su 70 aniversario», en De onda en Onda, *¡ahora!* , p. 2, Holguín, 7 de junio de 1977.

«¡Santa Palabra!», *¡ahora!*, p.1, Holguín, 31 de marzo de 2007.

SANTOS, Hernán: «Faustino Oramas, El Guayabero», *¡ahora!*, p. 5, Holguín, 9 de octubre de 1966.

SANTOS, Kaloian: «Kelvis: A cada instante, a toda hora», *¡ahora!*, p. 3, Holguín, 26 de junio de 2004.

TABARES, Sahily: «El Guayabero. De casta me viene el galgo», *Bohemia*, pp. 60, La Habana, 13 de abril de 2007.

165

--------------------: «Pícaro de santa palabra», *Bohemia*, pp. 56-57, La Habana, 22 de mayo de 1998.

VALDÉS Paz, Manuel: «Sus frescos ochenta», *¡ahora!*, p. 3, Holguín, 4 de junio de 1991.

VÁZQUEZ, Omar: «En Guayabero me quieren dar... un homenaje», *Granma*, p. 4, La Habana, 10 de abril de 1991.

VELOZ, Germán: «Holguineros en el Pepe Sánchez», *¡ahora!*, p. 3, Holguín,13 de marzo de 2004.

ZALDÍVAR, Rudel: «Temas radiales», *Norte*, p. 7, Holguín, 16 de abril de 1952.

--------------------: «Temas radiales», *Norte*, p. 7, Holguín, 19 de abril de 1952.

--------------------: «Temas radiales», *Norte*, p. 7, Holguín, 22 de abril de 1952.

--------------------: «Temas radiales», *Norte*, p.7, Holguín, 27 de octubre de 1953.

--------------------: «El Guayabero», *¡ahora!*, p.2, Holguín, 18 de julio de l976.

VIGO Martínez, Haydée: «Celebran trovadores holguineros tercer año de la Casa de la Trova», *¡ahora!*, p. 2, Holguín, 2 de agosto de 1978.

--------------------: «Ofrecido anoche magnífico programa artístico desde los bajos de La Periquera», *¡ahora!*, p. 2, Holguín, 26 de julio de 1979.

--------------------: «Estrenan documental sobre El Guayabero», *¡ahora!*, p. 7, Holguín, 8 de octubre de 1986.

Webgrafía

Armas, Paquita de: «Palabras santas de un holguinero singular». Obtenido el 23/2/2011 en htpp:// www.lajiribilla.co.cu

BARCELÓ, Nereida: «Faustino Oramas El Guayabero, Rey del choteo criollo y el doble sentido». Obtenido el 12 / 02/ 2011 en htp:// www. salsapower. com/editorials/Faustino.

GARCÍA, Aroldo: «El Guayabero de Holguín, Santa Palabra». Obtenido el 12/2/2011 en htp//www. radiorebelde. cu/noticias/nacionales.

HÉCTOR Arturo: «Descansa en risa Guayabero... y Santa Palabra». Obtenido el 23/2/2011 en htp:// www.cubahora.cu/index ph

SANTOS, Kaloian: «Como dice El Guayabero, filósofo popular». Obtenido el 23/2/2011 en Htp:// www.lajiribilla.co.cu

Faustino Oramas Obtenido el 2/3/2011 en htp://es.wikipedia.org/ wiki/Faustino Oramas.
--------------------: Obtenido el 2/3/2011 en htp://www.egrem.com.cu/ catalogo/unartista.
--------------------: Obtenido el 2/3/2011 en htp://www.topmodel colombia.com/Guayabero
--------------------: Obtenido el 14/3/2011 en htp//www.foxitos.me/ letra-M.html
--------------------: Obtenido el 14/3/2011 en htp//www.lahuella sonora. com/viaje a Cuba.
--------------------: Obtenido el 14/3/2011 en htp // www.blopinin. com/ Faustino-oramas-cubano.
--------------------: Obtenido el 14/3/2011 en htp// www.cubarte. cult. cu/paginas/actualidad

Otras fuentes

Barrera Castillo, Manuel Cruz y Joselín Torres: «Faustino Oramas, exponente de la trova tradicional en el municipio Holguín». Trabajo de Grado. Centro Provincial de Superación, 1987.

COLECCIÓN de Prensa del Período Republicano y socialista. Biblioteca provincial Álex Urquiola.

COLECCIÓN Faustino Orama, El Guayabero, museo provincial La Periquera.

REVISTA Radioguía 1937.

REVISTA Radiomanía 1945.

ACERCA DEL AUTOR

Zenovio Hernández Pavón

Báguano, Holguín, 1959. Licenciado en Medios de Comunicación por el ISA y Máster en Desarrollo Cultural Comunitario por la Universidad de Las Tunas. Investigador agregado, promotor cultural y realizador radial. Ha ejercido la docencia en diversos niveles de enseñanza y desde el 2005 se desempeña como investigador en la Empresa Comercializadora de la Música Faustino Oramas en la llamada Ciudad de los Parques.

Por su labor cultural se ha hecho acreedor de numerosos premios y reconocimientos en los Festivales Nacionales de la Radio, Concurso Félix. B. Caignet, Convención Internacional de Radio y Televisión de La Habana, Premio Regino Boti, Premio Memoria del Centro Pablo de la Torriente Brau, el Premio de la Ciudad de Holguín, las distinciones Beby Urbino y la de Hijo Ilustre, así como el Premio Corazón de Oro del Festival Arañando la nostalgia, entre otros. Es autor o coautor de títulos como *La música en Holguín* (Ediciones Holguín); *A Puerto Padre me voy...Tuneros en la música cubana* (Editorial Sanlope); *El Guayabero, rey del doble sentido*; *Barbarito Diez, como el arrullo de palmas* (Editorial Oriente), y *Ñico Saquito. El guarachero de Cuba* (Editorial UnosOtrosEdiciones).

OTROS TÍTULOS

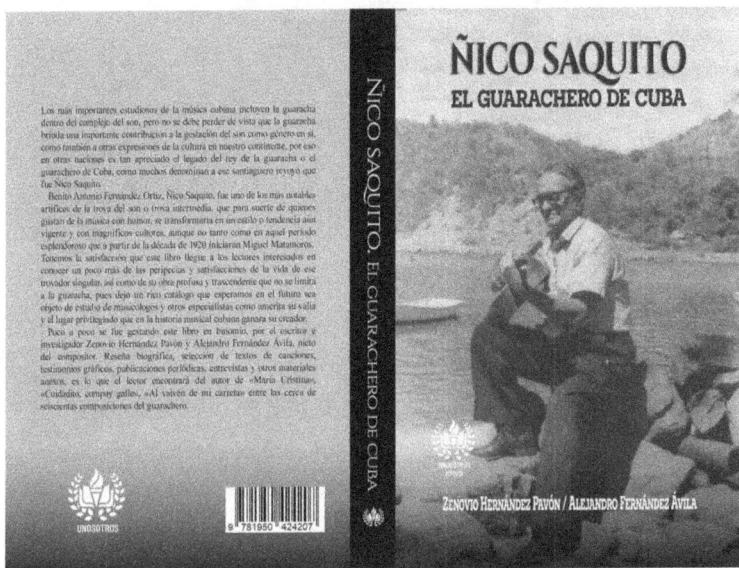

ÑICO SAQUITO
EL GUARACHERO DE CUBA

Los más importantes estudiosos de la música cubana incluyen la guaracha dentro del complejo del son, pero no se debe perder de vista que la guaracha brindó una importante contribución a la gestación del son como género en sí, como también a otras expresiones de la cultura en nuestro continente, por eso en otras naciones es tan apreciado el legado del rey de la guaracha o el guarachero de Cuba, como muchos denominan a ese santiaguero teyeyé que fue Ñico Saquito.

Benito Antonio Fernández Ortiz, Ñico Saquito, fue uno de los más notables artífices de la troya del son o troya intermedia, que para suerte de quienes gustan de la música con humor, se transformaría en un estilo o tendencia aún vigente y con magníficos cultores, aunque no tanto como en aquel período esplendoroso que a partir de la década de 1920 iniciara Miguel Matamoros. Tenemos la satisfacción que este libro llegue a los lectores interesados en conocer un poco más de las peripecias y satisfacciones de la vida de ese trovador singular, así como de su obra profusa y trascendente que no se limita a la guaracha, pues dejó un rico catálogo que esperamos en el futuro sea objeto de estudio de musicólogos y otros especialistas como amerita su valía y el lugar privilegiado que en la historia musical cubana ganara su creador.

Poco a poco se fue gestando este libro en binomio, por el escritor e investigador Zenovio Hernández Pavón y Alejandro Fernández Ávila, nieto del compositor. Reseña biográfica, selección de textos de canciones, testimonios gráficos, publicaciones periódicas, entrevistas y otros materiales aúnen, es lo que el lector encontrará del autor de «María Cristina», «Cuidadito, compay gallo», «Al vaivén de mi carreta» entre las cerca de seiscientas composiciones del guarachero.

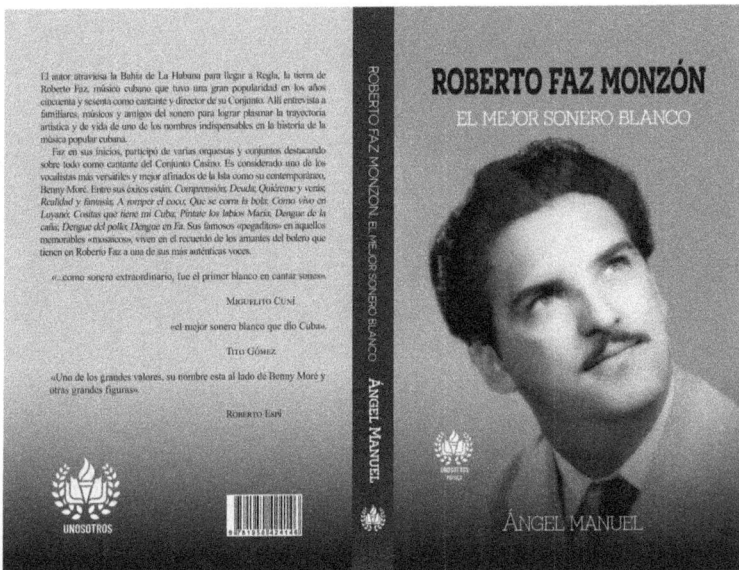

ZENOVIO HERNÁNDEZ PAVÓN / ALEJANDRO FERNÁNDEZ ÁVILA

ROBERTO FAZ MONZÓN
EL MEJOR SONERO BLANCO

El autor atraviesa la Bahía de La Habana para llegar a Regla, la tierra de Roberto Faz, músico cubano que tuvo una gran popularidad en los años cincuenta y sesenta como cantante y director de su Conjunto. Allí entrevista a familiares, músicos y amigos del sonero para lograr plasmar la trayectoria artística y de vida de uno de los nombres indispensables en la historia de la música popular cubana.

Faz en sus inicios, participó de varias orquestas y conjuntos destacando sobre todo como cantante del Conjunto Casino. Es considerado uno de los vocalistas más versátiles y mejor afinados de la Isla como su contemporáneo, Benny Moré. Entre sus éxitos están: Comprensión, Deuda, Quiéreme y verás; Realidad y fantasía; A romper el coco; Que se corra la bola; Cómo vivo en Luyanó; Cositas que tiene mi Cuba; Píntate los labios María; Dengue de la caña; Dengue del pollo; Dengue en Fa. Sus famosos «pegaditos» en aquellos memorables «mosaicos», viven en el recuerdo de los amantes del bolero que tienen en Roberto Faz a una de sus más auténticas voces.

«...como sonero extraordinario, fue el primer blanco en cantar sones».

MIGUELITO CUNÍ

«el mejor sonero blanco que dio Cuba».

TITO GÓMEZ

«Una de los grandes valores, su nombre esta al lado de Benny Moré y otras grandes figuras».

ROBERTO ESPÍ

ÁNGEL MANUEL

ÑICO SAQUITO
EL REY DE LA GUARACHA

EL REY DE LA GUARACHA

A mucho más de medio siglo de ser compuestas, aún se escuchan en bares, cantinas y la radio de toda Cuba y fuera del país, muchas de sus creaciones como «Cuidadito Compay Gallo» y «María Cristina»; sin embargo, poco se sabe de la vida de este hombre cuyo verdadero nombre es revelado por el autor de esta obra, Oscar Montoto Mayor, apasionado baracoense, quien a partir de los testimonios de Antonio Fernández Arbelo, hijo de Ñico Saquito y auxiliado por el extenso archivo sobre su notable padre, junto a la pasión de sus nietos Alejandro y Toni, y las confesiones del propio compositor realizadas en entrevistas que están diseminadas por la radio y periódicos de la época, reconstruye en esta monografía paso a paso la vida y obra de este rey de la guaracha cubana. Con un lenguaje muy acorde a su estilo como escritor e investigador, el autor nos ofrece una crónica rica en anécdotas y valoraciones de este notable músico y compositor, en una etapa siempre valiosa y fundamental para la difusión de la música cubana. Ñico Saquito, una de las figuras célebres del pentagrama cubano tristemente olvidado, que ahora intentamos revivir al compás de un simpático doble sentido con centenares de guarachas y otros géneros musicales en los que fue pionero. El doble sentido y su criollo sabor que lamentablemente ha caído en la chabacanería y el mal gusto a pesar de la herencia que nos legaron otras figuras como Faustino Oramas, el Guayabero, y nuestro biografiado, el mago que sacaba de un sombrero-saco, guarachas y pregones en las cuales hoy no se podría escribir sobre estas creaciones originales y ricas en temas y melodías. Así fue y es Ñico Saquito.

UNOS&OTROS
EDICIONES

Oscar Montoto Mayor

Ñico Saquito: El rey de la guaracha — Oscar Montoto Mayor

KABIOSILES
LOS MÚSICOS DE CUBA

Kabiosiles
Los músicos de Cuba

Aquí están reunidos sesenta y seis retratos de nuestros dioses terrenales: los músicos de Cuba. Esos que andan en nuestra memoria, en nuestra piel y en la niebla de nuestra identidad. Son los rostros que conforman nuestro ADN sonoro. Estos «Kabiosiles», son saludos desde lo más profundo del corazón.

Vicentico, Benny Moré, Rita, La Lupe, Bola de Nieve, Celia Cruz, Machín, Arsenio Rodríguez, son algunos nombres en ese mapa de lo que somos. Porque, como escribió el poeta Ramón Fernández-Larrea, el autor de este libro: «Bajo la noche catalana, en las calles de melancolía de París, en viejos pueblos volcánicos de Canarias tengo una luz. De esa luz baja una lluvia como un son espléndido como la vida, con guiños de mujer y olores que me mecen, y el alma se divierte y se expande, y es la única razón que nos une y nos abraza a todos por igual. A tristes y serenos, a poetas y amargados, a viudos y cumbancheros, a cercanos y lejanos. Los que siempre nos encontraremos en el único mar de nuestros sueños reales».

UNOS&OTROS

KABIOSILES — Los músicos de Cuba — Ramón Fernández-Larrea

Ramón Fernández-Larrea

Cover 1 — El Niño con su tres

Andrés Echevarría Callava, Niño Rivera

El Niño Rivera, uno de los treseros más importantes de la historia de la música cubana, fue un innovador, vanguardista, uno de los compositores y arreglista más importante de su tiempo. Su obra «El Jamaiquino» se convirtió en un *standart* de la música cubana.

CHUCHO VALDÉS

Esta es la historia de uno de esos pioneros que hoy se describen como progenitores de la música cubana, y de su extraordinaria y productiva vida. El libro recoge momentos importantes de la vida del Niño, en su trabajo y su colaboración con numerosos conjuntos y solistas como tresero, arreglista, transcriptor y director. La autora presenta con sustentados detalles la contribución del músico al género mundial más conocido de la música cubana —el son—, con un análisis enfático de otro género surgido en Cuba: el *feeling*.

NELSON GONZÁLEZ

La creación de este documento histórico, que contribuirá a poner el nombre de Andrés Echevarría Callava, el Niño Rivera, en el lugar que merece dentro de la lista de los imprescindibles de nuestro mundo musical.

PANCHO AMAT

UNOSOTROS

Andrés Echevarría Callava, Niño Rivera
El Niño con su tres
Rosa Marquetti Torres

(spine) El Niño con su tres — Rosa Marquetti Torres

Cover 2 — Bola de Nieve

Esta biografía eminentemente documentada de Bola de Nieve se levanta como un panorama donde entran sus familiares, sus creencias, sus gustos, sus ansiedades y preferencias, al tiempo que dedicaba a perfeccionar las interpretaciones que le dieron fama internacional y lo convirtieron en auténtico embajador de la cultura nacional. Para quienes lo conocieron y disfrutamos de su arte resulta un estimulador de la nostalgia. Para quienes, por su juventud, a través de la lectura se acercan a un artista de la talla de Bola de Nieve, resultará una sorpresa conocer circunstancias y anécdotas irrepetibles, personalidades, ciudades, escenarios, una vida colmada de interés y una trayectoria ejemplar.

Reynaldo González

«Hay otro personaje clave en mi formación sentimental. Para descubrirme a mí mismo, para advertir lo que me ha producido felicidad y dolor, no he acudido al psiquiatra, sino a Bola de Nieve. En mi opinión es otro de los genios que habéis engendrado aquí [...]».

Pedro Almodóvar

[...] la labor escénica de Bola de Nieve: una forma de expresión, de sensibilidad, de calidad espiritual. Cuando uno lo trae al recuerdo, está habituado a relacionarlo con Rita Montaner y Benny Moré y —desde el punto de vista profesional— me cuesta trabajo compararlo, no en el sentido de su estatura individual, de lo que cada uno significa en la música cubana, sino porque Bola resulta ser una cosa distinta con respecto a los otros dos: es un fenómeno, algo realmente inexplicable, ya que hablar de su cantante «sin voz» parece algo absurdo, surrealista. Quizás él sea un clásico ejemplo de la intensidad del arte cubano, de disciplina, de estudio, de amor y entrega total a lo que se realiza.

Harold Gramatges

UNOS&OTROS
EDICIONES

BOLA DE NIEVE
Si me pudieras querer

RAMÓN FAJARDO ESTRADA

(spine) BOLA DE NIEVE — Ramón Fajardo Estrada

LUIS MARQUETTI

GIGANTE DEL BOLERO

EL HOMBRE SIN ROSTRO

LUIS CÉSAR NÚÑEZ GONZÁLEZ

(Spine) LUIS MARQUETTI Gigante del Bolero

PASIÓN DE RUMBERO

Entrevistas, anécdotas, crónicas, testimonios, reseñas y fichas con datos de rumberos

María del Carmen Mestas

Este libro es, sobre todo, un homenaje a todos los rumberos cubanos que en distintas épocas han contribuido a engrandecer el género. Hay que sentir verdadera pasión por la rumba para escribir algo así, a ritmo de tambor bailan los recuerdos a través de testimonios de primera mano recogidos durante más de cincuenta años a personajes de la talla de Mañungo, el Rafael Ortiz del 1,2,3..., la conga más famosa del mundo, a Tío Tom porque a esta fiesta de caramelos si pueden ir los bombones o a Petrona, orgullosa de haber nacido en la Timba, la hermana de Chano Pozo, bebe de la fuente original y nos brinda un valioso documental para saciar nuestra insaciable sed por la música cubana. Como es mujer, la autora, no olvidó a la mujer rumbera, tan pretérida, tan maltratada hasta por el propio ritmo y los propios rumberos, aquí estamos con Nieves Fresdena, Merceditas Valdés, Celeste Mendoza, Teresa Polledo, Natividad Calderón, Manuela Alonso, Zenaida Almenteros, Estela, con Yuliet Abreu, La Papina, representantes de la nueva generación. Y si de juventud y relevo se trata hay que resaltar en esta edición la inclusión de las generaciones actuales de rumberos, los encargados de seguir el legado y mantenerlo vivo, fresco en los bailadores en estos tiempos de reguetón. Aquí también están Iyerosun, Timbalaye, Osaín del Monte y Rumbatá.

Y ya el Benny no podrá lamentarse en su centenario de la muerte física: *Qué sentimiento me da, cada vez que yo me acuerdo de los rumberos famosos... volveremos a ir a la rumba con Malanga...* con Chano y con María del Carmen Mesta, porque la rumba tiene nombre de mujer.

(Spine) PASIÓN DE RUMBERO · María del Carmen Mestas

Dulce Sotolongo conoció de forma casual a Leopoldo Ulloa, le propuso entrevistarlo para hacer un libro y surgió una inquebrantable amistad. La autora hace un recorrido por la vida del compositor a través de sus canciones e intérpretes logrando un rico testimonio de la música cubana, entre los artistas que cantaron sus composiciones están: Celia Cruz, José Tejedor, Tirso Guerrero, Celio González, Caíto, Lino Borges, Wilfredo Mendi, Moraima Secada, Roberto Sánchez, Clara y Mario, Los Papines, Pío Leyva. *En el balcón aquel* es un libro que te atrapa desde la primera línea, no permitirá que dejes de leer hasta su final.

Para los amantes de la música cubana de todos los tiempos, esta será una edición muy especial porque rinde honor a quien honor merece, a un grande del bolero: Leopoldo Ulloa.

Eduardo Rosillo Heredia

Autodidacta, creador absolutamente intuitivo, un día compuso «Como nave sin rumbo». Luego surgió una larga fila moruna: «Destino marcado», «Me equivoqué», «Perdido en la multitud», grabados por Frank Fernández; «Te me alejas», «Es triste decir adiós», «No extraño tu amor», «Adiós me dices ya»; y el representativo «Por unos ojos morunos». Esta producción sitúa a Leopoldo Ulloa, como él mismo sostenido y consecuente creador de la línea del bolero moruno.

Helio Orovio

UNOS & OTROS EDICIONES

EN EL BALCÓN AQUEL
LEOPOLDO ULLOA, EL BOLERO MÁS LARGO: SU VIDA

UNOS & OTROS MÚSICA

DULCE SOTOLONGO

Si en un final, el libro que encontrarás a partir de ahora los gentiles lectores, es una apasionante historia, cálida y al mismo tiempo intensamente conmovedora, que nos revela página tras página el desfase inesperado de dos de los más aplaudidos artistas de Cuba. Historia breve e interesante, que no decae ni principio a fin, donde hay originalidad, donde hay calidad una poderosa bocanada de aire fresco en el panorama creciente de la literatura sobre música y músicos, en boga por estos tiempos.

Valiéndose de un arsenal de documentos, cartas, fotografías prácticamente desconocidas, vídeos, grabaciones discográficas y en general del archivo personal de Mario Rodríguez, quien se lo encomendó antes de fallecer, el autor de esta biografía Ángel Manuel Pérez Álvarez, presenta por primera vez a los lectores del mundo un panorama completo, profundo, detallado y humano de Clara y Mario, sin que se haya quedado ningún aspecto de la cotidianidad y de la vida familiar, profesional y laboral de la pareja artística que no fuera cuidadosamente tratado por el autor.

Ángel Manuel Pérez Álvarez ha hecho un escrutinio preciso y riguroso de las obras que conformaron el extenso repertorio de Clara y Mario, examinando el contexto en el que fueron creadas, con el telón de fondo de la noche habanera y con la perspectiva de una época dorada de la música popular cubana, cuyo resultado plasmado en las páginas del libro nos deslumbra con el sapiente enfoque discotécnico sobre el quehacer musical, pensamiento y creatividad ilimitada de los dos reconocidos vocalistas, quienes marcaron a fuego el imaginario de los cubanos y latinoamericanos de su tiempo.

Si en un final
CLARA Y MARIO
Ángel Manuel Pérez Álvarez

MÚSICA

ÁNGEL MANUEL PÉREZ ÁLVAREZ

Robert Téllez Moreno

WILLIE ROSARIO
EL REY DEL RITMO

Biografía autorizada

Robert Téllez Moreno

WILLIE ROSARIO

UNOSOTROS

Escrito con la perspectiva de un periodista que dedicó cinco años de rigurosa investigación acerca de la vida y obra del notable músico Ray Barretto, conocido internacionalmente como Manos Duras, considerado un icono de la percusión, su autor recrea la trayectoria musical del percusionista newyorican, su comienzo a partir del jazz y trayectoria en la Salsa, que le valió más de diez nominaciones al premio Grammy.

Con admirable fluidez y amenidad, Robert Téllez va intercalando abundantes y sustanciosos fragmentos de entrevistas realizadas en distintas épocas con músicos y cantantes que trabajaron con Ray, así mismo con el testimonio de su viuda nos entrega la otra dimensión humana y la Fuerza de un Gigante con la que superó las adversidades que enfrentó en diferentes momentos de su carrera.

Robert Téllez Moreno; Bogotá, Colombia, 1973. Graduado en Locución y Producción de Medios Audiovisuales. Se ha desempeñado como programador de distintas estaciones radiales musicales de su país. Fundador y director general de la revista Sonfonía, investigador musical incansable, que le ha llevado a visitar varios países como: Estados Unidos, Cuba, Puerto Rico, Perú, Panamá y Venezuela. Ha colaborado en la producción del documental Diego Galé, Alma Latina. Como investigador de la música afroantillana, ha participado en numerosos eventos internacionales como fue el Primer Festival Cartagena-La Habana Son en el año 2008, donde se desempeñó como jefe de prensa. Desde el 2012 forma parte del equipo musical de la Radio Nacional de Colombia, donde permanece hasta la actualidad. Allí dirige y conduce el programa Conversando La Salsa y hace parte del equipo de panelistas del programa Son de la Música.

ROBERT TÉLLEZ MORENO

RAY BARRETTO
FUERZA GIGANTE

ROBERT TÉLLEZ MORENO

RAY BARRETTO, FUERZA GIGANTE

UNOS& OTROS
EDICIONES

FRANKIE RUIZ

Han pasado veinte años de la muy temprana desaparición física de Frankie Ruiz, un hombre que con un genuino estilo, carisma, voz cálida y dulce, nos dejó un gran legado musical. La figura de Frankie surgió en un momento trascendental para la industria, justamente en uno de los periodos de mayor dificultad para la promoción de la música salsa. Su influencia marcó una pauta que aún perdura en muchas generaciones de artistas.

Solo contaba 40 años al morir, pero su vida y obra merecen ser contadas. Sin duda, Frankie fue el primer cantante líder del movimiento de salsa romántica y el inspirador para otras figuras que luego alcanzaron el éxito. Su particular estilo cargado de swing y su personalidad arrolladora, lo convirtieron en ese ícono que representa una salsa con letras que enamoran, acopladas espléndidamente mediante arreglos musicales cadenciosos y muy bailables, una fórmula ganadora que hoy sigue dando resultados.

Los autores de este libro, Robert Téllez (colombiano) y Félix Fojo, (cubano) rememoran de una manera agradable, novelada, la vida y trayectoria musical de este ídolo del pueblo que fue Frankie Ruiz.

Es también un homenaje al Puerto Rico querido de Frankie, la bella Isla del Encanto, a sus paisajes, música y su gente. Al Papá de la salsa, su carrera, su público, *foto* en muchas partes del mundo, a los músicos, a los compositores, arreglistas y productores, a los manejadores, a su familia, en fin, a todos aquellos que hicieron posible que un talento tan natural como el de Frankie Ruiz, pudiera alcanzar el lugar en la historia de la música que merecía.

Es para Frankie, como *Volver a nacer*.

VOLVER A NACER

FRANKIE RUIZ
VOLVER A NACER

ROBERT TÉLLEZ
FÉLIX FOJO

UQ
EDICIONES

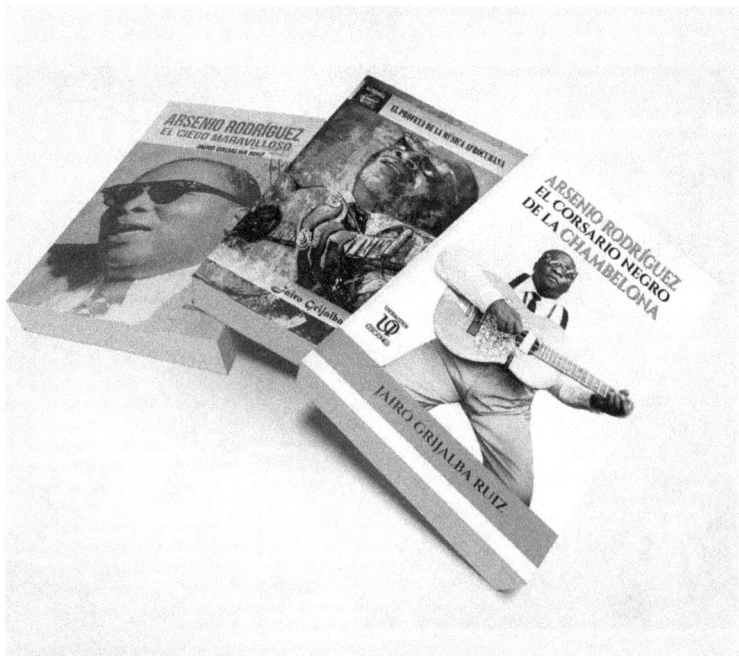

THE
BEATLES

Los Beatles, el grupo más admirado de la década del 60 y uno de los mejores de todos los tiempos, iniciaron una revolución cultural que trascendió más allá de la música. Es por eso por lo que ni las generaciones actuales quedan indiferentes a sus letras, ritmos e historia. *El largo y tortuoso camino de los Beatles* es un recorrido por la trayectoria de los *Cuatro Fantásticos*, desde sus inicios hasta la disolución del grupo. Sus seguidores, así como cualquiera que quiera descubrir la magia de los chicos de Liverpool, podrán disfrutar en este libro de entrevistas, reseñas de álbumes y canciones, y estadísticas de sus posiciones en la revista *Billboard*. Asimismo, su autor, Joao Pablo Fariñas González, nos invita a seguir la huella de estos músicos tras su separación, recorriendo sus carreras y vidas en solitario, para completar la historia y leyenda de este famoso grupo. Al concluir, el lector solo corre un riesgo: convertirse en un fanático de los Beatles —si es novel—, o disfrutar con pasión de la continuación de la *Beatlemanía*.

UNIÓ & OTROS
UO
EDICIONES

EL LARGO Y TORTUOSO CAMINO DE LOS BEATLES — Joao P. Fariñas

EL LARGO Y TORTUOSO
CAMINO DE LOS
BEATLES

JOAO PABLO FARIÑAS GONZÁLEZ

UNIÓ & OTROS
UO
EDICIONES

MICHAEL JACKSON

Han pasado diez años de la muerte de Michael Jackson, su legado sigue vivo a pesar de la controversia que existe sobre su persona. Este es un libro para los fans de este ícono mundial de la música. Un recorrido por la historia de su música, desde el surgimiento de los Jackson 5 hasta su muerte, es una recopilación de toda la producción discográfica de Michael con reseñas de las revistas especializadas, la historia de algunos de sus álbumes, fotos, canciones, videos y estadísticas de todos los éxitos que logró el Rey del pop. Este es un libro homenaje ilustrado con imágenes. También se incluye valiosa información sobre la trayectoria musical de los Jackson, discografía de todos sus hermanos, así como su relación con la disquera Motown Records y la música negra norteamericana.

UNIÓ & OTROS
UO
EDICIONES

MICHAEL JACKSON: EL REY DEL POP — Joao P. Fariñas

Joao Pablo Fariñas

MICHAEL JACKSON
EL REY DEL POP

UO

www.unosotrosediciones.com

infoeditorialunosotros@gmail.com

UNOSOTROS

UnosOtrosEdiciones

Siguenos en Facebook, Twitter e Instagram:

www.unosotrosediciones.com

www.ingramcontent.com/pod-product-compliance
Lightning Source LLC
LaVergne TN
LVHW011231080426
835509LV00005B/444